애로우의 불가능성 정리

The Arrow Impossibility Theorem

매스킨 · 센 지음
이성규 옮김

가능성 정리

도서출판 해남

애로우의 불가능성 정리

초판1쇄 인쇄 2016년 5월 23일
초판1쇄 발행 2016년 5월 27일

지은이 매스킨 · 센
옮긴이 이성규
발행인 노현철
발행처 도서출판 해남

출판등록 1995. 5. 10 제 1-1885호
주 소 서울특별시 서대문구 충정로 38-12(충정로 3가) 우리타워 6F
전 화 739-4822 팩스 720-4823
이 메 일 haenamin30@naver.com
홈페이지 www.hpub.co.kr

ISBN 978-89-6238-100-9 93320

역자 서문

「케네스 애로우 기념 강연」(Kenneth J. Arrow Lecture)은 케네스 애로우 교수의 위대한 업적을 기리기 위해 미 컬럼비아 대학교(Columbia Univ.)가 만든 연례 강연회이다. 본서는 '제2회 애로우 기념 강연' (Arrow Lecture)에서 발표된 논문을 모은 것이다. 제2회 애로우 기념 강연의 주제는 애로우 교수의 박사 학위 논문인「사회적 선택과 개인의 가치」(Social Choice and Individual Values)이었다. 애로우 교수의 박사 학위 논문은 저술된 지 65년이 지났지만 여전히 하나의 아이콘(icon)으로 남아 있다. 이러한 사실은 애로우의 박사 학위 논문이 '사회선택 문제'에 대한 우리의 사고방식을 어떻게 바꾸었는지를 여실히 보여 주는 데 결코 부족하지 않다.

한마디로 "애로우의 불가능성 정리"(Arrow's Impossibility Theorem)는 애로우 교수의 선구적이고 기념비적인 불후의 업적이다. 애로우의 '불가능성 정리'는 1950년과 1951년에 발표된 이래 사회선택(social choice)과 사회후생(social welfare) 분야에 관심이 있는 모든 사람들의 생각에 지대한 영향을 끼쳐 왔다. 불가능성 정리는 학문 분야 전체(즉, 후생경제학과 사회선택이론)뿐만 아니라 하위 분야(즉, 정치철학, 정치이론, 투표이론 등)를 획기적으로 변화시킨 역사상 드문 지적 기여들 중의 하나이다. 다시 말하면, 불가능성 정리는 '수리적 사회선택이론'과 '후생경제학'뿐만 아니라 '투표이론'과 '집단선택이론' 등의 역사에 있어서 하나의 커다란 분수령이 되었다. 애로우의 이러한 기여는 사회적 선택이론에서 마치 '게임을 바꾸는(game changing) 것'과 같이 놀라운 것이었으며, 여러 학문 분야들에 커다란 영향을 미치게 되었다. 이에 대해 센(A. Sen) 교수는 "애로우가 사회적 선택이론에 대한 지적 세계를 획기적으로 변화시켰을 때 그가 '대학원 학생'이었다는 게 도저히 믿기지 않는다!"고 고백했다.

애로우(K. Arrow) 자신도 인정했듯이 경제학의 불후의 이론인 '불가능성 정리'(impossibility theorem)는 '재발견의 과정'을 거쳐 애로우에 의해 마침내 체계화되었다.

> "나는 이미 '다수결 투표 방식 하에서 개인들의 효용은 하나의 사회적 순위(social ordering)로 집계될 수 없다'라는 사실을 알고 있었으나, 어딘가에 분명히 '대안'이 있을 것이라고 생각하였다. 이 문제를 가지고 며칠 동안 씨름한 후에 나는 '불가능성 결과'(impossibility result)가 존재할지도 모른다고 의심하게 되었고, 곧 "불가능성 결과"를 발견하였다. … '1952년'에서야 비로소 나는 콩도르세(Condorset)의 연구에 대해 알게 되었다. 그 후 블랙(D. Black)의 연구는 사회적 선택에 대한 좀 더 완전한 역사를 제공해 주었다. 이와 같이 사회적 선택과 불가능성 정리에 대한 연구는 연구자들 간의 '재발견'(rediscovery)을 통해 불연속적으로 이어져 왔다. 따라서 나의 연구 결과도 최초 발견이 아니라 "재발견"이라고 해야 옳을 것이다."(본 번역서, 제8장, pp. 173~174)

이곳이 비록 역자 서문이지만 불가능성 정리를 간단히 서술하고자 한다.

사회는 개인들의 집합체이다. 따라서 각 개인들의 선호 순위를 합하면 그것이 곧 사회적 선호 순위가 되는가? 이것은 간단한 문제가 아니다. 과연 개인들로 구성된 사회를 어떻게 조직할 수 있는가? 이를 살펴보기 위해 먼저 기본 개념부터 정의해 보기로 하자. 사회나 국가 전체에 영향을 미치는 주요 문제들(issues)을 사회선택학 또는 후생경제학적으로 '사회적 상태'(social states)라고 부른다. 사회적 상태의 예로 사적재(private goods)의 배분과 관련된 문제, 공공재(public goods)의 공급과 관련된 문제, 다른 비경제적 문제 등을 들 수 있다. 예를 들면, 2016년 5월 현재 우리나라의 주요 사회적 상태들로 기업의 구조조정 문제, 정부의 양적 완화 문제, 옥시 가습기 살균제 문제, 국회 선진화법 문제, 공공 부문 개혁 문제 등을 들 수 있다. 우리는 이들 문제들에 대한 각 개인들의 의견이 매우 다양하며, 이를 수렴하여 하나의 국가 정책으로 결정하는 것이 어렵다는 것을 자주 목격하고 있다. 여러 사회적 상태들 중에서 '하나의 사회적 상태'를 θ라고 표시하자. 존재 가능한 모든 사회적 상태들의 집합(set)을 Θ로 표시한다. 즉, 집합 Θ에는 존재 가능한 여러 사회적 상태들($\theta, \theta', \theta'', \cdots, \theta^n$)로 구성되어 있다: $\Theta = [\theta, \theta', \theta'', \cdots, \theta^n]$.

어느 한 사회를 구성하고 있는 각 개인(i)은 집합 내에 들어 있는 모든 사회적 상태들($\theta, \theta', \theta'', \cdots, \theta^n$)에 대해 분명한 선호 순위(preference ranking)를 가지고 있다고 가정한다. 우선, 각 개인의 사회적 상태들에 대한 선호 순위를 $\geq^i$로 표시하자(여기서 오른쪽 상첨자 i는 사회 내 어느 한 개인(an individual)을 나타낸다). 각 개인이 사회적 상태들에 대해 분명한 선호 순위를 가지고 있다는 것은 경제학적으로 각 개인이 자신의 선호와 관련하여 완전성(completeness), 반사성(reflexivity), 이행성(transitivity) 공리들을 충족시키고 있다는 것을 의미한다. 다음으로, 어느 한 개인의 두 사회적 상태에 대한 선호 순위를 $\theta \geq^i \theta'$로 표시하자. 이것은 '어느 한 개인이 두 사회적 상태(즉, θ와 θ')를 비교해 본 결과 어느 한 사회적 상태인 θ를 다른 사회적 상태인 θ'보다 약(弱)선호한다'는 것을 의미한다. 마지막으로, 각 개인의 두 사회적 상태들에 대한 선호 순위를 '합친 것'을 $\geq^s$로 표시하자(여기서 오른쪽 상첨자 s는 '사회'(society)를 나타낸다). 즉, $\geq^s$는 두 사회적 상태들에 대한 '사회적' 선호 순위(social ordering)를 나타낸다. 참고로 $\geq^i$와 $\geq^s$를 각각 어느 한 개인(i)과 사회(s)의 약(弱)선호 순위(weak preference)라고 말한다. 반면에 $>^i$와 $>^s$는 각각 '어느 한 개인'(i)과 '사회'(s)의 사회적 상태들에 대한 강(强)선호(strict preference)를 나타낸다(여기서 부등호를 나타내는 > 아래에 등호 표시가 '없음'에 유의하기 바람).

이제 사회적 상태들에 대한 모든 개인들의 약선호 순위들($\geq^1, \geq^2, \cdots, \geq^i, \cdots, \geq^n$)로부터 하나의 사회적 약선호 순위($\geq^s$)를 어떻게 유도할 수 있는가? 다시 말하면, 모든 개인들의 약선호 순위들을 합(合)하여 하나의 사회적 약선호 순위를 유도할 수 있는 어떤 함수(a function)가 존재하는가? 즉, 아래와 같은 함수가 존재할 수 있는가?

$$\geq^s = \Sigma(\geq^1, \geq^2, \cdots, \geq^i, \cdots, \geq^n).$$

여기서 $\geq^1$는 사회적 상태들에 대한 개인 1의 약선호 순위를 나타내고, $\geq^2$는 사회적 상태들에 대한 개인 2의 약선호 순위를 나타낸다. 각 개인의 약선호 순위를 합(合)하는(Σ) 방식을 "사회조직의 구성 규칙"(constitution)[1] 또는 "사회

1 "constitution"(구성 또는 구조)이란 영영 사전에 따르면 'the way that something is formed or

후생함수”(social welfare function)라고 부른다. 사회조직의 구성 규칙인 Σ는 사회 내 각 개인의 선호 순위에 관한 정보들(profile)로 구성되어 있다.

사회조직의 구성 규칙인 Σ는 사회 내 모든 개인들의 사회적 상태에 대한 선호 순위를 합하는(aggregating preferences) 개념적 장치이다. 후생경제학(welfare economics)의 핵심은 ‘몇 가지 타당한 조건(공리)들을 동시에 충족시키는 “선호 합계 규칙”이 과연 존재할 수 있는가?’에 있다. 먼저, 사회조직의 구성 규칙인 Σ는 어떠한 특성들을 지니고 있어야 하는가? 그러한 조건들(이를 보통 ‘공리’(axiom)라고 부름)로 다음 네 가지를 들 수 있다.

[공리 1: 보편성(Universality)] 사회조직의 구성 규칙(또는 사회후생함수)은 사회적 상태들에 대한 ‘모든’ 개인들의 선호 순위들을 포함하고 있어야 한다. 즉, 사회 내 어느 한 개인의 선호 순위도 배제해서는 안 된다.

[공리 2: 파레토 만장일치성(Pareto unanimity)] 집합 Θ에 들어 있는 어떤 두 사회적 상태들인 θ와 θ'에 대해 ‘모든’ 개인들의 강(强)선호 순위가 $\theta >^{i} \theta'$이면 사회적 강선호 순위도 반드시 $\theta >^{s} \theta'$이어야만 한다. 즉, 사회 내 모든 개인들이 어떤 사회적 상태(θ)를 다른 사회적 상태(θ')보다 만장일치로 강선호한다면 사회도 그 사회적 상태(즉, θ)를 강선호해야만 한다.

[공리 3: 무관한 선택 대안들로부터의 독립성(Independence of Irrelevant Alternatives)] 두 사회적 상태들(예를 들어, θ와 θ')에 대한 각 개인의 선호 순위가 Θ의 부분집합인 $\hat{\Theta}$(즉, $\hat{\Theta} \subset \Theta$)에서 동일하다면 $\hat{\Theta}$에서 두 사회적 상태들에 대한 ‘사회적’ 선호 순위도 동일해야 한다. 다시 말하면,

organized’라고 정의되어 있다.

어떤 두 사회적 상태들에 대한 사회적 선호 순위는 '당해 두 사회적 상태들'에 대한 개인들의 선호 순위에만 의존해야 한다.

[공리 4: 비독재성(Non-dictatorship)] 어느 한 개인(독재자)의 선호가 사회적 선호 순위를 결정해서는 안 된다. 즉, 집합 Θ에 들어 있는 어떤 두 사회적 상태들인 θ와 θ'에 대해 '어느 한 개인'의 강선호 순위가 $\theta >^i \theta'$인 경우 사회적 강선호 순위도 $\theta >^s \theta'$이면 그 개인은 곧 '독재자'이다. 그러나 이러한 독재자가 없어야만 한다.

이러한 네 가지 공리들을 동시에 충족시키는 사회조직의 구성 규칙(즉, 사회후생함수)이 과연 존재할 수 있는가? 이에 대해 애로우(K. Arrow)는 오래 전에 다음과 같은 결론을 내렸다.

[애로우의 '불가능성 정리'(Arrow's Impossibility Theorem)] 만약 사회적 상태가 두 개 이상이면 상기 네 가지 공리들을 동시에 충족시키는 사회조직의 구성 규칙(또는 선호합계 규칙)인 Σ는 존재하지 않는다!

애로우의 정리(Arrow's theorem)가 어떤 경우에는 '가능성 정리'라고 불리고, 다른 경우에는 '불가능성 정리'라고 불린다. 왜 그런가? 애로우가 제시한 네 가지 공리가 모두 충족되면 이론적으로 가능하다고 해서 '"가능성" 정리'(Possibility Theorem)라고 불린다. 그러나 네 가지 공리를 동시에 충족시키는 것이 사실상 불가능하기 때문에 '"불가능성" 정리'(Impossibility Theorem)라고 불리게 되었다. 사실 애로우는 그의 쾌활한 기질대로 '불가능성 정리'라는 어두운 이름보다 다소 '밝은' 이름인 "일반 가능성 이론"(General Possibility Theorem)을 발견하려 했다.

마지막으로 역자에게 늘 격려의 말씀을 아끼지 않고 혜안이 넘치는 이야기를 자주 해주시는 동국대 장오현 선생님, 누구보다도 분석적이고 모범적인 연구생활로 역자와 공동 연구를 하며 멘토 역할을 하고 계시는 국민대 이상학 교수님께 깊은 감사의 말씀을 드린다. 또한 어려운 여건 하에서도 본 역서를 출판해 주시고 완벽한 편집과 교정을 위해 애써 주신 도서출판 해남 노현철 사장님께 더없는 감사를 드린다. 또한 본 번역서를 '힘들여' 읽은 독자들이 불가능성 정리에 대한 이해와 지력(知力)이 조금이나마 높아졌으면 하는 소망을 적으며 이 글을 마친다.

2016년 5월 5일

역동서원(易東書院)이 자리잡은 송천 연구실에서

이성규 씀

케네스 애로우 기념 강연 시리즈 소개

케네스 애로우(Kenneth J. Arrow) 교수의 연구는 지난 60년 동안 경제학의 연구 방식에 커다란 영향을 미쳐 왔다. 어떤 의미에서 모든 현대 경제학자들은 애로우 교수의 '제자들'이라고 해도 과언이 아니다. 애로우 교수의 아이디어와 연구 방법, 그리고 웅대한 비전 등은 여러 세대에 걸쳐서 가장 자유분방하고, 가장 창조적이고, 가장 혁신적인 경제학자들의 '모범'(model)이 되어 왔다. 애로우 교수의 연구는 일반 균형(general equilibrium), 사회 선택(social choice), 내생적 성장(endogenous growth) 등에 관한 많은 독창적인 정리들(theorems)을 유도했으며, 이를 통해 단순한 아이디어들이 어떻게 경제와 경제학에 심오한 영향을 미칠 수 있는지를 증명해 보였다.

「케네스 애로우 기념 강연 시리즈」(Kenneth J. Arrow Lecture Series)는 애로우 교수의 위대한 업적을 기념하기 위해 시작되었으며, 주로 노벨상 수상자들과 탁월한 신진 학자들을 초청해 왔다. 특히 이들 신진 학자들의 연구는 애로우 교수의 학문 체계와 그의 창의력에 바탕을 두고 있다. 본서는 컬럼비아 대학교에서 개최된 '애로우 교수 기념 강연'에서 발표된 논문들을 모아서 출판한 것임을 밝혀 드린다.

감사의 글

「케네스 애로우 기념 강연 시리즈」(Kenneth J. Arrow Lecture Series)는 컬럼비아 대학 '글로벌 사상(Global Thought) 위원회' (CGT) 및 컬럼비아 대학 경제학과 '경제연구 프로그램'의 아낌없는 지원과 컬럼비아 대학 출판부의 적극적인 지원에 힘입어 탄생하여 지금까지 잘 유지되어 왔다(나는 본 시리즈가 처음 시작되었을 때 집행 위원장이었고, 지금은 사스키아 사센(Saskia Sassen) 교수와 공동 위원장을 맡고 있다). 특히, 우리는 본 강연 시리즈가 책으로 출간될 수 있도록 협조를 아끼지 않은 '글로벌 사상 위원회'의 로빈 스티븐슨(R. Stephenson)과 사샤 데 보겔(Sasha de Vogel), 그리고 컬럼비아 대학 출판부의 마일레스 톰슨(Myles Thompson)과 브리짓 플래너리-멕코이(Bridget Flannery-McCoy)에게 진심으로 감사를 드린다.

스티글리츠(Joseph E. Stiglitz)

차례

역자 서문 / i

케네스 애로우 기념 강연 시리즈 소개 / viii

감사의 글 / ix

차례 / xi

01 개회사 스티글리츠(Joseph E. Stiglitz)

02 서론: 불가능성 정리의 간단 소개 파타나이크(Prasanta K. Pattanaik)

1. 후생경제학과 사회선택이론: 애로우의 불가능성 정리 발표 당시의 상황 / 10
2. 애로우의 정리와 '선호 합계(合計) 문제'에 대한 몇 가지 해석 / 12
3. 애로우의 불가능성 정리에 대한 몇 가지 반응들 / 22
4. 결론 / 33

03 애로우와 불가능성 정리 센(Amartya Sen)

1. 서론 / 41
2. 일반 가능성 정리 / 46
3. 일반 가능성 정리에 대한 증명: 보조정리 이용 / 50

4. 애로우 정리의 몇 가지 특징 / 55

04 **애로우의 불가능성 정리: 장차 어디로 갈 것인가? – 투표와 선거의 관점에서** 매스킨(Eric Maskin)

1. 서론 / 61
2. 불가능성 정리와 투표 규칙: 최다득표제 대 다수결 원칙 / 63
3. 다수결 원칙과 우월정리 / 76
4. 전략적 투표와 전략방지 공리 / 79

05 **매스킨 교수와 센 교수의 강연에 대한 논평** 애로우(Kenneth J. Arrow)

1. 매스킨 교수의 강연에 대한 논평 / 83
2. 센 교수의 강연에 대한 논평 / 85
3. 기타 논평 / 87
4. 연구 시작 동기에 관한 에피소드 소개 / 91

06 **사회적 선택의 정보적 기초** 센(Amartya Sen)

1. 서론 / 95
2. 민주적 우선과 정보적 포괄성 / 101

3. 정보적 배제와 사회선택이론의 분석 틀 / 107
4. 공리적 배제와 애로우의 불가능성 정리 / 114
5. 효용 정보의 풍부화와 사회적 선택 가능성 / 123
6. 효용 정보와 비효용 정보의 '결합' / 128

07 **다수결 투표제의 견고성** 다스굽타(P. Dasgupta) · 매스킨(E. Maskin)

1. 기본 공리와 투표 방식 / 145
2. 다수결제의 결함 / 151
3. 2000년 미국 대통령 선거 사례 / 153
4. 다수결제의 견고성 / 156

08 **불가능성 정리의 기원과 역사** 애로우(Kenneth J. Arrow)

찾아보기 / 175

제1장 개회사

스티글리츠(Joseph E. Stiglitz)

제1장 개회사[1)]

「케네스 애로우 기념 강연」(Kenneth J. Arrow Lecture)은 케네스 애로우 교수님의 위대한 업적을 기념하기 위해 만들어진 강연입니다. 애로우 교수님은 컬럼비아 대학(Columbia Univ.)이 배출한 가장 유명한 졸업생들 중의 한 분입니다. 애로우 교수님은 컬럼비아 대학교에서 경제학 및 통계학으로 공부를 시작해서 1951년에 박사 학위를 취득했습니다. '제2회 애로우 기념 강연'의 주제는 애로우 교수님의 박사 학위 논문인 "사회적 선택과 개인의 가치"(Social Choice and Individual Values)입니다. 오늘날 경제학 박사 학위를 취득하려는 학생들이 애로우 교수님이 만들어 놓은 이러한 "이상적이고도 높은 기준"을 열망하는 것은 결코 나쁜 일은 아니라고 생각합니다.

애로우 교수님의 박사 학위 논문은 저술된 지 60여 년이 지났지만 여전히 하나의 아이콘(icon)으로 남아 있습니다. 이러한 사실은 애로우 교수님의 박사 학위 논문이 '사회적 선택 문제(problem of social choice)에 대한 우리의 사고방식을 어떻게 바꾸었는지'를 여실히 보여 주고 있습니다. 애로우 교수님의 학위 논문이 제기한 문제를 자신의 방식대로 형식화(표현)할 수 있는 다른 분들도 애로우 교수님의 놀라운 창의력(novel cast of mind)에 감탄하지 않을 수 없을 것

1 [역자주] 원문에서는 제2장에 수록되어 있으나 책의 내용상 제1장이 더 적절함.

입니다. 나 자신도 애로우 교수님의 학위 논문을 다시 읽을 때마다 여전히 커다란 감동을 느끼고 있습니다.

이번 강연의 연사님은 센(Amartya Sen) 교수님과 매스킨(Eric Maskin) 교수님입니다. 두 분 교수님은 올해 본 강연에 가장 적합하다고 생각됩니다. 왜냐하면 두 분 교수님은 사회선택이론(social choice theory)에 누구보다도 많은 기여를 했을 뿐만 아니라 애로우 교수님이 60년 전에 개척했던 사회선택이론의 개념과 방향 등을 더욱 발전시켜 왔기 때문입니다.

강연에 앞서 두 분 연사님을 간단히 소개해 드리겠습니다. 먼저, 센 교수님은 그 동안 컬럼비아 대학을 자주 방문해 주셨습니다. 이런 이유로 나는 센 교수님이 마치 컬럼비아 대학에 근무하는 우리 동료들 중 한 분이라는 생각이 듭니다. 나는 센 교수님과 40년 이상 동안 잘 알고 지내왔습니다. 우리는 1960년대 후반 영국에서 대학원 학생 시절에 처음 만났습니다. 나는 이러한 이유로 오늘 센 교수님이 본 강연에서 연설하게 된 것을 누구보다도 기쁘게 생각합니다. 센 교수님은 현재 하버드 대학교 토마스 라몬트 대학 석좌교수(Thomas Lamont University Professor)와 경제학 및 철학 교수로 재직하고 있습니다. 또한 최근까지 영국 케임브리지 대학교(Cambridge Univ.) 트리니티 칼리지(Trinity College) 학장을 역임하기도 했습니다.

센 교수님의 연구 분야는 경제학, 철학, 결정이론 등 많은 분야에 걸쳐 있습니다. 무엇보다도 센 교수님은 사회선택이론에 많은 커다란 기여를 해왔습니다. 센 교수님은 1998년 '후생경제학'에 대한 기여로 노벨경제학상(Nobel Memorial Prize in Economics)을 수상하셨습니다. 특히, 노벨경제학상 선정 이유에서 센 교수님의 '사회적 선택'에 대한 연구가 두드러지게 언급되었습니다.

나는 센 교수님과 '사회진보 및 경제성과 측정 위원회'(Commission on the Measurement of Economic Performance in Social Progress, 2009)에서 함께 일한 바 있습니다. 이 위원회는 니콜라스 사르코지(Nicholas Sarkozy) 전(前) 프랑스 대통령에 의해 설립되었으며, 여기서 센 교수님은 자신의 아이디어를 바탕으로 각국의 경제 성과를 측정하는 일을 수행했습니다. 이 위원회의 초기 연구 성과였던 "유엔 개발 프로그램의 인간개발지수"(Human Development Index of UN Development Program)는 개발도상국들의 경제 성과를 평가하는 데 표준적인 측정 기준이 되었습니다. 특히, 센 교수님은 '인간개발지수'(HDI)를 개발하고 측정하는 데 주도적인 역할을 했습니다.

센 교수님의 최근 저서인 『정의(正義)의 아이디어』(*The Idea of Justice*)는 탁월한 책이라고 생각합니다. 이 책은 애덤 스미스(A. Smith)를 비롯하여 존 롤스(J. Rawls)에 이르는 다양한 사상가들의 '정의(正義)에 대한 생각들'을 비판적으로 다루고 있습니다. 이들 사상가들은 철학, 정치학, 경제학에서 '정의 문제'를 연구해 왔습니다. 정의에 대한 이들의 일부 생각들은 센 교수님의 본 강연과 논문에서 다루고 있습니다.

다음으로, 두 번째 연사이신 매스킨 교수님은 이 강연 당시에는 프린스턴 대학 부설 고등연구소(Institute for Advanced Study)에서 앨버트 허쉬만 석좌교수(Albert Hirschman Professor)로 있었지만, 지금은 하버드 대학교 애덤스 대학 석좌교수(Adams University Professor)로 재직하고 있습니다. 매스킨 교수님은 특히 '메커니즘 디자인'(mechanism design)에 대한 연구로 유명합니다. 특정 사회적 또는 경제적 목표들을 달성하는 데 필요한 제도들을 어떻게 고안해야 하는지에 관해 꾸준히 연구해 왔습니다. 매스킨 교수님은 이러한 기여 덕분에 2007년 다른 두 분과 함께 노벨경제학상을 공동 수상하셨습니다.

매스킨 교수님도 센 교수님처럼 많은 다른 분야들에서 두드러진 연구를 해왔습니다. 사실상, 매스킨 교수님의 연구는 경제학의 거의 모든 분야에 커다란 영향을 미쳐 왔습니다. 오늘 강연을 위해 매스킨 교수님을 컬럼비아 대학에 초청하게 된 것을 큰 영광으로 생각합니다.

이제부터 두 분 교수님의 강연을 듣도록 하겠습니다.

제2장 서론: 불가능성 정리의 간단 소개

파타나이크(Prasanta K. Pattanaik)

1. 후생경제학과 사회선택이론: 애로우의 불가능성 정리 발표 당시의 상황
2. 애로우의 정리와 '선호 합계(合計) 문제'에 대한 몇 가지 해석
3. 애로우의 불가능성 정리에 대한 몇 가지 반응들
4. 결론

제2장 서론: 불가능성 정리의 간단 소개[1)2)]

케네스 애로우(Kenneth J. Arrow)의 '불가능성 정리'[3)]는 65여 년 전에 발표된 이래 사회 선택(social choice)과 사회 후생(social welfare) 분야에 관심이 있는 모든 사람들의 생각에 지대한 영향을 끼쳐 왔다. 애로우의 뒤를 이어 센(Amartya Sen) 교수님과 매스킨(Eric Maskin) 교수님의 연구 또한 중요한 기여를 해왔다. 먼저, 컬럼비아 대학에서 개최된 「애로우 기념 강연」(Arrow Lecture)에서 발표된 센 교수님과 매스킨 교수님의 강연을 기초로 본서의 서론을 쓰게 된 것을 무한한 영광으로 생각합니다. 특히, 저는 대학원생 시절 센 교수님으로부터 후생경제학 강좌를 통해 '애로우의 불가능성 정리'(Arrow's impossibility theorem)를 처음으로 소개받은 인연이 있으며, 매스킨 교수님과도 오랫동안 잘 알고 지내 온 사이이기에 더욱 영광스럽게 생각합니다. 이제 본론으로 들어가겠습니다.

---

1 [역자주] 원문에서는 제1장에 수록되어 있으나 책의 내용상 제2장이 더 적절함.

2 본 서론을 읽고 몇 가지 유익한 논평을 해준 웨이마크(John Weymark) 교수께 감사를 드린다.

3 [역자주] K. J. Arrow(1950), "A difficulty in the concept of social welfare," *Journal of Political Economy*, Vol. 58; K. J. Arrow(1951 and 1963), *Social Choice and Individual Values*, New York: Wiley.

1. 후생경제학과 사회선택이론: 애로우의 불가능성 정리 발표 당시의 상황

애로우의 불가능성 정리[4)](1950, 1951)는 학문 분야 전체[5)] 또는 하위 분야[6)]를 획기적으로 변화시킨 역사상 드문 지적 기여들 중의 하나이다. 특히, 후생경제학(welfare economics)과 사회선택이론(theory of social choice)은 애로우의 불가능성 정리에 의해 크게 영향을 받은 주요 분야이며, 뿐만 아니라 정치철학(political philosophy)과 정치이론(political theory) 등도 불가능성 정리로부터 커다란 영향을 받았다. 이러한 이유로 본격적인 논의에 앞서 애로우 교수가 역사적인 '불가능성 정리'를 발표하였을 당시(1950년과 1951년) 후생경제학의 발전 상태를 간단히 살펴보기로 하자.

우선, 버그슨(1938)과 새뮤엘슨(1947)은 사회후생함수(social welfare function)에 대한 정확한 개념을 도입함으로써 후생경제학의 발전에 중요한 기여를 하였다.[7)] 버그슨과 새뮤엘슨은 경제학자들이 '사회적 상태들(social states)에 대한 정책 처방(policy prescription)이나 평가(evaluation)'를 하려면 '가치판단'(value judgement)이라는 도구에 의존해야 한다고 주장하였다. 그러나 1930년대와 1940년대에 후생경제학자들이 사용할 수 있는 가치판단의 종류와 수는 극소수에 불과하였다.

---

4 [역자주] K. J. Arrow(1950), "A difficulty in the concept of social welfare," *Journal of Political Economy*, Vol. 58; K. J. Arrow(1951 and 1963), *Social Choice and Individual Values*, New York: Wiley.

5 [역자주] 예를 들면, '후생경제학'과 '사회선택이론'을 말함.

6 [역자주] 예를 들면, '정치철학', '정치이론', '투표이론' 등을 말함.

7 [역자주] A. Bergson(1938), "A reformulation of certain aspects of welfare economics," *Quarterly Journal of Economics*, Vol. 52; P. A. Samuelson(1947), *Foundations of Economic Analysis*, Cambridge, M. A.: Harvard University Press.

다음으로, 초기 공리주의 전통(Utilitarian tradition)은 (1) 소비자 행동이론에서 '서수적 분석'(ordinal analysis)의 등장과 (2) 개인들 간의 효용 비교(interpersonal comparison of utility)의 가능성에 대한 회의(懷疑) 등으로 인해 후생경제학자들로부터 인기를 잃어 가고 있었다. 또한 당시 후생경제학의 대부분은 '파레토 원칙'(Pareto principle)에 집중되어 있었다. 파레토 원칙이란 '어느 한 사회 내에서 모든 사람들이 사회적 상태(social state) y보다 x를 선호한다면 사회적으로도 사회적 상태 y보다 x가 선호되어야 한다'.[8] 물론 파레토 원칙이 가지고 있는 주요한 문제점은 '어떤 두 사람이 두 가지 사회적 상태에 대한 각자의 선호 순위(preference ranking)가 다르다면 파레토 원칙은 두 가지 사회적 상태를 비교하지 못한다'는 점이다. 다시 말하면, 어떤 두 사람이 두 가지 사회적 상태에 대한 각자의 선호 순위가 같다면 파레토 원칙은 '사회적으로도' 두 가지 사회적 상태를 비교할 수 있다. 파레토 원칙 하에서 발생하는 이러한 비교상의 여러 결함들을 메우기 위한 시도로 칼도(N. Kaldor, 1939)와 힉스(J. Hicks, 1939)는 "보상 기준"(compensation criterion)이라는 개념을 도입하였다.[9] 그러나 곧 이들의 보상 기준이 '윤리적 한계'를 가지고 있을 뿐만 아니라 때때로 '모순적인 결과'를 가져다주었다. 예를 들면, 사회적 상태 x가 y보다 사회적으로 선호되고 동시에 사회적 상태 y가 x보다 사회적으로 선호된다면 이러한 결과는 '모순'이다.

마지막으로, 애로우의 불가능성 정리가 발표되기 몇 년 전에 '투표'(voting)를 통한 사회적 선택 연구에 몇몇 기여가 있었다.[10][11] 특히, 보웬(Bowen, 1943)

8 후생경제학자들은 종종 본장에서 가정한 파레토 원칙보다 '약간 더 강한' 파레토 원칙을 사용한다.

9 [역자주] N. Kaldor(1939), "Welfare propositions in economics," *Economic Journal*, Vol. 49; J. R. Hicks(1939), "The Foundations of Welfare Economics," *Economic Journal*, Vol. 48.

과 블랙(Black, 1948a)의 연구가 중요한 기여를 하였다.[12] 이러한 연구들이 가장 권위 있는 경제 저널들에서 게재되었지만 당시 후생경제학자들은 대체로 이들의 논문에 큰 관심을 두지 않았다. 그러나 애로우의 불가능성 정리가 1950년과 1951년에 발표된 후 후생경제학자들은 비로소 투표 방식(voting procedures)에 관심을 가지게 되었다.

2. 애로우의 정리와 '선호 합계(合計) 문제'에 대한 몇 가지 해석

모든 인간 사회는 선택해야 할 수많은 사회적 상태들이나 상황들(states of affairs)을 가지고 있다. 우선, 어느 한 사회 내에서 존재할 수 있는 모든 사회적 상태들이나 상황들을 집합 X라고 가정해 보자.[13] 이들 중 어떤 주어진 시간에 실제적으로 선택 가능한 사회적 상태들이나 상황들을 집합 A라고 가정하자. 집합 A는 X의 부분집합으로서 공집합이 아니다(이때 집합 A는 집합 X의 진(眞)부분집합[14](proper subset)이라고 한다). 사회 내 각 개인은 집합 X에 들어 있는 모든

10 예를 들면, 보웬(1943)과 블랙(1948a, 1948b, 1948c)의 논문들을 참고하기 바람. 특히, (1) 블랙 이론의 종합적 설명과 (2) 위원회 및 선거 이론의 역사를 보려면 블랙(1958)의 저서를 참고하기 바람.

11 투표 문헌의 경우 보르다(Borda, 1781)와 콩도르세(Condorcet, 1785)의 연구에 기원을 두고 있다.

12 [역자주] H. R. Bowen(1943), "The interpretation of voting in the allocation of economic resources," *Quarterly Journal of Economics*, Vol. 58; D. Black(1948a), "On the rationale of group decision making," *Journal of Political Economy*, Vol. 56.

13 [역자주] 여기서 사회적 상태들이나 상황이란 '사회적 선택의 대상'을 의미한다. 한 사회 내에는 수많은 사회적 선택 대상들이 있다.

14 [역자주] '진부분집합'이란 집합 S의 부분집합으로서 S와 일치하지 않는 집합을 말한다. 즉, $T \subset S$이고 $S \neq T$일 때 T를 S의 진부분집합이라고 한다. 여기서의 경우 $A \subset X$이고 $A \neq X$일 때 A를 X의 진부분집합이라고 한다. 예를 들면, 서울 거주자 집합(A)은 한국 거주자 집합(X)의 진부분집합이다.

원소들에 대해 각자의 선호 순위(preference ordering)를 가지고 있다고 가정하자. 애로우의 '불가능성 정리'(1951)는 집합 *X*에 포함되어 있는 모든 사회적 상태들에 대해 사회적 순위(ranking or ordering, 이를 *R*로 표시함)를 결정하는 문제를 다루고 있다. 사회적 순위 *R*은 다음과 같이 사회적 선택의 기초로 이용된다. 즉, 어느 한 사회에서 실제적으로 선택 가능한 사회적 상태들로 이루어진 집합 *A*가 주어져 있다면, 그 사회는 집합 *A*에 속하는 사회적 상태들 중에서 사회적 순위가 가장 높은 하나의 사회적 상태를 선택하면 된다.

이러한 가정 하에서 애로우는 '사회적 순위(*R*)는 집합 *X*에 대한 개인의 선호 순위 정보를 기초로 해야 하며, 사회 내 각 개인은 오직 하나의 선호 순위만 가져야 한다'는 "직관적 통찰"로 논의를 시작하였다. 센(A. Sen, 2014)이 언급하였듯이 이러한 직관적 통찰은 (1) '사회적 선택이 민주주의를 바탕으로 해야 한다'는 전통으로부터 파생된 것이며, (2) 이는 또한 애로우가 사회후생함수(social welfare function)를 형식적으로 표현하는 데 개념적 기초가 되었다. 애로우의 사회후생함수는 개인의 선호 순위 정보들을 변역(變域, domain)[15]으로 하고, 사회적 선호 순위들을 치역(値域, range)[16]으로 하고 있다. 따라서 사회후생함수는 집합 *X* 내에서 변역에 있는 개인의 각 선호 순위에 대해 오직 하나의 사회적 선호 순위(치역)만 규정해 준다.[17] 사회후생함수의 개념은 다음과 같은 '윤리적(규범적) 문제'를 분석하는 형식적인 분석 틀(formal framework)을 제공해 준다. 여기서 '윤리적(규범적) 문제'란 집합 *X*에 대한 개인의 선호 순위가 '주어

15 [역자주] 함수에서 독립변수가 취할 수 있는 값의 범위.

16 [역자주] 종속변수의 변동 범위.

17 [역자주] 일반적으로 '함수'란 두 변수 x와 y에 대해 독립변수 x의 값이 정해질 때 종속변수인 y의 값이 따라서 정해지는 관계를 말하며, 이때 하나의 x값에 대해 오직 하나의 y값이 존재하는 경우를 말한다. 사회후생함수의 경우에도 이러한 관계가 성립한다.

져' 있다면[18] 집합 X에 포함되어 있는 사회적 상태들에 대한 사회적 순위가 어떻게 결정되어야 하는지를 말한다. 이러한 형식적인 분석 틀은 사회후생함수에 가해지는 특정한 제약이나 조건들이 도입되지 않으면 아무런 의미가 없을 것이다. 그러나 직관적으로 사회후생함수의 정의(定義) 그 자체는 "개인 선호에 대한 기수적 정보(cardinal information)와 선호 만족에 대한 사람들 간의 비교(interpersonal comparison)가 '사회적 순위'를 결정하는 데 아무런 역할을 할 수 없다"는 것을 의미한다. 위에서 정의(定義)하였듯이 사회후생함수는 변역에 있는 개인의 각 선호 순위에 대해 오직 하나의 사회적 순위만 규정해 준다. 따라서 직관적으로 사회적 상태들에 대한 개인의 선호 순위가 변하지 않는다면 당해 사회적 상태들에 대한 사회적 순위도 변하지 않아야만 한다(즉, 사회적 순위는 개인의 선호 순위에만 영향을 받으며, 개인 선호에 대한 '기수적' 정보의 변화와는 무관하다). 이러한 배경 하에서 애로우(1951)는 사회후생함수가 갖추어야 할 몇 가지 '바람직한' 특성(조건)들을 제시하였다. 이러한 특성(조건)들에 대해 몇 가지 다른 설명들이 있지만, 여기서 나는 센 교수(2014)[19]의 설명 방식을 따르기로 한다[20](센 교수의 표현 방식이 애로우의 특성을 가장 잘 반영하고 있기 때문이다). 애로우가 제시한 바람직한 특성(조건)들 중의 하나는 "사회후생함수의 변역은 논리적으로 가능한 모든 개인 순위들의 집합이어야 한다"는 것이다. 사회후생함수의 정의에 따르면 이러한 조건은 곧 "논리적으로 가능한 모든 개인 순위들에

---

18 [역자주] 개인의 선호 순위는 개인들이 자유롭게 결정하기 때문에 사회적 관점에서는 이것이 '주어져' 있다고 할 수 있음.

19 [역자주] A. Sen(2014), "Arrow and The Impossibility Theorem," in *The Arrow Impossibility Theorem*, Columbia University Press.

20 반면에 '애로우의 제약들(restrictions)'에 대한 매스킨(2014) 교수의 설명은 '사회적 선호'(social preference)가 아니라 '사회적 선택'(social choice)에 초점을 맞추고 있다.

대해서 사회후생함수는 '유일한' 사회적 순위(unique social ordering)를 규정해야 한다"는 조건과도 같다. 센 교수는 이 조건을 "무제한적인 선택 영역"(unrestricted domain, UD)이라고 불렀다(센 교수는 이를 '공리'(axiom)라고까지 불렀다). 다음으로, 애로우는 "사회후생함수는 후생경제학에서 널리 받아들여지는 '파레토 원칙'(Pareto principle, PP)을 충족시켜야 한다"고 주장하였다. 마지막으로, 애로우는 사회후생함수에 두 가지 추가적인 조건을 더했다. 즉, 애로우는 사회후생함수에 "무관한 선택 대안들로부터의 독립성"(Independence of Irrelevant Alternatives, IIA)과 "비독재성"(nondictatorship, ND)이라는 조건을 추가하였다(이러한 조건들에 대한 자세한 설명을 보려면 센(2014)을 참고하기 바람). 이제 이러한 네 가지 조건들을 바탕으로 애로우의 '불가능성 정리'(impossibility theorem)를 다음과 같이 정의할 수 있다. 즉, "만약 집합 X 내에 최소한 세 개의 서로 다른 사회적 상태들(즉, 선택 대안들)이 포함되어 있어야 하고, 어느 한 사회 내에 유한한 수의 사람들이 있다면 어떠한 유형의 사회후생함수(SWF)라도 무제한적인 선택 영역(UD), 파레토 원칙(PP), 무관한 선택 대안들로부터의 독립성(IIA), 비독재성(ND) 조건을 동시에 충족시킬 수 없다."[21] 여기서 '사회적 상태들로 구성된 집합 X 내에 최소한 세 개의 사회적 상태들(선택 대안들)이 있어야 하고, 사회 내에 유한한 수의 사람들이 있어야 한다'는 조건은 그렇게 제약적인 조건이 아니며, 또한 네 가지 조건 각각은 나름대로 분명한 타당성을 가지고 있지만 '불가능성 결과'가 초래되었다. 그 결과 불가능성 정리는 하나의 '역설'(paradox)[22]

---

21 [역자주] "No social welfare function(SWF) can simultaneously satisfy the conditions of unrestricted domain(UD), the Pareto Principle(PP), independence of irrelevant alternatives(IIA), and nondictatorship(ND)."

22 [역자주] 역설(逆說)이란 일반적으로 진리(眞理)라고 인정되는 것에 반(反)하는 설(說), 또는 진리

과도 같다. 애로우의 불가능성 정리처럼 '타당성 있는 가정들이나 공리들이 논리적으로 모순을 초래하는 경우'를 '역설적 결과'(paradoxical result)라 부른다. 이러한 역설적 결과는 종종 학자들에게 강한 '지적 도전'(intellectual challenge)을 불러일으킨다. 학자들은 역설을 해결하고, 역설이 발생한 이유를 찾기 위해 공리들을 면밀히 검토하려는 지적 욕구를 가지게 된다. 애로우의 불가능성 정리의 경우에 그러한 도전은 매우 강했으며, 그로 인해 여러 방면에서 많은 연구들이 지속적으로 이루어지게 되었다.

애로우의 불가능성 정리와 관련된 한 가지 중요한 문제는 사회후생함수의 '직관적 해석'과 관련되어 있다. 사회후생함수의 직관적 해석은 사회후생함수의 정의(定義)에 등장하는 '사회적 순위(R)와 개인의 선호에 대한 해석'과도 밀접한 관련성을 맺고 있다.

1) 사회적 순위에 대한 해석[23]

먼저, 우리는 '사회적 순위'(social ordering)에 대해 최소한 두 가지 다른 해석을 생각해 볼 수 있다. 첫째, 우리는 사회적 순위(R)를 '사회적 상태들을 비교한 결과'를 반영하는 것으로 해석할 수 있다. 즉, 사회적 선택(결정)을 목적으로 사회적 상태들에 대해 순위를 매기기 위하여 해당 사회가 채택한 방식이나 규칙 하에서 '사회적 상태들을 비교한 결과'를 곧 '사회적 순위'라고 생각할 수 있다. 사회적 순위를 이와 같이 해석한다면 사회후생함수는 단순히 상이한 사

에 반하고 있는 듯하지만 잘 음미하여 보면 진리인 설(說)을 말한다.

23 [역자주] 독자의 편의를 위해 역자가 만든 제목임.

회적 상태들에 대한 순위를 매기기 위해 사회가 사용하는 '결정 방식'(decision procedure)을 의미한다. 둘째, 우리는 사회적 순위(R)를 '어느 한 개인의 사회후생에 대한 판단'(social welfare judgement)을 반영하는 것으로 해석할 수 있다. 즉, 사회적 상태들의 상대적 가치(즉, 좋고(善) 나쁨(惡))에 대한 '어느 한 개인의 윤리적 판단'(ethical judgement)으로 해석할 수 있다. 여기서 어느 한 개인은 그 사회에 소속된 '한 사람'이거나, 사회 밖에서 온 한 사람의 중앙계획자이거나 다른 사람일 수 있다.

이와 같이 사회적 순위를 둘러싼 두 가지 해석은 매우 다르다. 그 결과 사회 구성원인 어느 한 개인은 다음과 같은 '결정 규칙'(decision rule)의 사용에 찬성할 수 있다. 즉, 어느 한 개인은 두 가지 사회적 상태(의제)인 x와 y에 대해 자신의 사회후생 판단과 다르게 사회적 순위가 결정되는 결정 규칙에 찬성할 수 있다. 이는 어느 한 개인의 자신의 사회후생 판단과 최종적인 사회적 순위가 '다르게' 결정되는 경우를 말한다. 사회적 순위에 대한 두 가지 다른 해석들 간의 구분은 리틀(I. Little, 1952)과 버그슨(A. Bergson, 1954)[24] 등에 의해 시도되었으며, 이는 애로우 정리에 대한 초기 평가의 중심을 차지하였다.[25] 또한 센(1977, 2011) 교수도 오랫동안 이 문제에 대해 논의해 왔다. 애로우(1963, p. 106) 교수도 드디어 1963년에 두 가지 해석들 간의 구분이 가지는 타당성을 수용하였고,[26]

---

24 [역자주] I. M. D. Little(1952), "Social choice and individual values," *Journal of Political Economy*, Vol. 60; A. Bergson(1954), "On the concept of social welfare," *Quarterly Journal of Economics*, Vol. 68.

25 리틀(1952)과 버그슨(1954)은 후생경제학은 '사회적 결정 규칙'이 아니라 오직 '사회후생 판단'에만 관심을 가져야 한다고 생각하였다. 그러나 후생경제학이 왜 '사회적 결정 규칙'에 대한 연구를 배제해야 하는지에 대해서는 분명하지 않다.

26 애로우(1963)는 이에 대해 다음과 같이 생각하였다. 즉, "하나의 후생 판단(a welfare judgement)은 어떤 한 사람의 판단을 필요로 한다. 또한 사회적 결정에 도달하는 데 필요한 규칙(rule)은

특히 첫 번째 해석을 지지하였다. 왜냐하면 애로우 교수는 최종 사회적 선택이 궁극적으로 '개인들의 선호 순위를 합계(合計)하기 위하여' 사회가 채택하는 결정 방식(예를 들면, 다수결 투표 방식)의 결과에 의해 결정될 것이라고 생각했었기 때문이다.[27)][28)] 애로우의 이러한 생각은 첫 번째 해석과 일치한다.

2) 개인의 선호에 대한 해석[29)]

다음으로, 사회적 순위와 마찬가지로 개인의 선호(individual preference)에 대해서도 다양한 해석이 가능하다. 센(2014) 교수는 어느 한 개인의 선호를 해석하는 세 가지 다른 방법을 구별하였다. 즉, 센 교수는 개인의 선호를 (1) 투표를 통해 표현되는 것으로서의 선호, (2) 개인의 이익을 반영하는 것으로서의 선호, (3) 개인의 윤리적 판단을 반영하는 것으로서의 선호 등으로 구별하였다. 반면에 애로우는 어느 한 개인의 선호를 "그가 적절하다고 생각하는 모든 기준들"을 반영하는 것으로 보았다(Arrow, 1951, p. 7 참조). 여러 면에서 개인의 선호에 대한 애로우의 이러한 해석은 '투표'(vote)에 아주 가깝다. 즉, 어느 한 투표자가 던지는 표(票)는 '그 투표자가 적절하다고 생각하는 것'을 기초로 하기

편리성과 필요성의 이유로 합의가 이루어질 수 있다. 따라서 그 결과는 '어느 한 특정 사람에 의한 판단'으로 간주되지 않을 것이다"(Arrow, 1963, p. 106).

27 애로우(1963)는 이에 대해 다음과 같이 언급하였다. 즉, "'사회후생'(social welfare)은 실용적 측면에서 '사회정책'(social policy)과 관련되어 있다. 그러나 어떤 한 사람에 의해 결정되는 '후생판단'(welfare judgements)은 구체적 행동이나 정책과 무관하며, 그 결과 실용적 정책을 가져다 주지 못한다"(Arrow, 1963, p. 106).

28 애로우(1963)는 자신의 형식적 불가능성 정리가 '두 번째 해석' 하에서도 적용될 수 있다고 생각하였다. 즉, "어떤 한 사람에 의해 이루어지는 대부분의 후생 판단들이 사실상 '사회적 결정과정'(social decision process)에 의해 결정된다"(Arrow, 1963, p. 106).

29 [역자주] 독자의 편의를 위해 역자가 만든 제목임.

때문이다. 따라서 애로우의 경우 개인의 선호는 (센 교수와 달리) 오로지 그의 이익이나 개인적 후생만을 나타낼 수 없을 뿐만 아니라, 또한 오로지 그의 도덕적 판단만을 나타낼 수도 없다. 다시 말하면, 애로우 교수는 '어느 한 개인이 적절하다고 생각하는 모든 기준들'을 '선호'라고 생각하였다.

〈표 1〉 사회적 순위와 개인 선호의 해석

사회적 순위에 대한 해석	개인 선호에 대한 해석
(1) 사회적 상태들을 비교한 결과 (2) 개인의 사회후생에 대한 판단	(1) 투표를 통해 표현되는 것 (2) 개인의 이익을 반영하는 것 (3) 개인의 윤리적 판단을 반영하는 것

주: 역자가 만든 표임.

3) 사회적 순위와 개인의 선호에 대한 해석과 선호 합계의 문제[30]

이제까지 살펴보았듯이 센 교수는 그 누구보다도 우리들에게 '사회적 순위'와 '개인의 선호'에 대한 다양한 해석들 간의 구별의 중요성에 대해 일깨워주었다(이에 대해서는 센(1977, 2011, 2014)을 참고하기 바람[31]). 그러나 '사회적 순위'에 대한 다른 해석들과 '개인 선호'에 대한 다양한 해석들을 결합한다면 여러 가지 '선호 합계 문제들'(preference aggregation problems)이 야기된다.[32] 선호 합계

30 [역자주] 독자의 편의를 위해 역자가 만든 제목임.

31 [역자주] A. Sen(1977), "Social choice theory: A re-examination," *Econometrica*, Vol. 45; A. Sen(2011), "The informational basis of social choice," in K. J. Arrow, A. Sen, and K. Suzumura, *Handbook of Social Choice and Welfare*, Vol. II, North-Holland; A. Sen(2014), "Arrow and The Impossibility Theorem," in *The Arrow Impossibility Theorem*, Columbia University Press.

32 '사회적 순위'에 대한 해석들과 '개인 선호'에 대한 해석들 간의 모든 결합이 직관적으로 흥미

문제들은 그 형식적인 구조가 서로 유사함에도 불구하고 종종 직관적으로 아주 다르다. 우리가 분명하게 알 수 있는 것은 '애로우 정리의 형식적인 타당성이 애로우의 전체적인 형식적 분석 틀(즉, 사회후생함수)에 대한 어떤 특정한 해석에 달려 있지 않다'는 점이다. 그러나 형식적인 분석 틀(즉, 사회후생함수)과 특정 공리들은 현재 논의 중인 '해석'에 크게 의존할 수 있다.

이와 관련하여 다음 두 가지 경우를 고려해 보자. 첫째, (1) 개인의 선호를 '사회적 상태들에 대한 사람들의 윤리적 판단'(individuals' ethical judgement)으로서 해석하고, (2) 사회적 결정의 기초가 되는 하나의 사회적 순위에 도달하기 위하여 '개인의 선호들(즉, 개인의 윤리적 판단들)을 어떻게 합계(aggregate)하는가'를 고려할 때, 애로우는 자신의 사회후생함수 정의(定義)에서 (1) '개인 선호의 기수적(cardinal) 측면'과 (2) '선호 만족의 개인 간 비교(interpersonal comparison)'를 배제하였다. 이러한 사실은 사회후생함수를 정의할 때 그렇게 제한적인 조건은 아닌 것 같다(그러나 사회적 결정(선택)에 도달하기 위하여 개인의 윤리적 판단을 합계할 때 (1) 하나의 사회적 상태가 다른 사회적 상태에 비해 윤리적으로 얼마나 우월한지를 비교하거나, 또는 (2) 사람들의 "도덕적 만족"(moral satisfaction) 수준을 비교할 필요가 있는지는 불분명하다). 둘째, (1) 개인의 선호가 ('사람들의 윤리적 판단'이 아니라) '각 개인의 후생(이익)'으로 해석되고, (2) 어떤 한 명의 윤리적 평가자가 (사회후생 측면에서 사회적 상태들을 평가하기 위하여) 개인의 그러한 선호(즉, 각 개인의 후생)를

로운 '선호 합계 문제'를 야기하는 것은 아니다. 예를 들면, 사회적 상태들에 대한 '윤리적 판단자의 문제'(ethical evaluator problem)를 들 수 있다. 즉, 윤리적 판단자는 사회적 상태들에 대한 '각 개인들의 윤리적 순위(ethical ordering)'를 합계하여 자신의 '사회적 후생 판단(social welfare evaluation)'에 도달한다. '사회후생'을 바탕으로 사회적 상태들에 대한 자신의 윤리적 판단(ethical evaluation)에 도달하기 위해 당해 판단자는 사회 내 모든 사람들의 '개인적 후생'(personal welfare)을 고려해야만 한다. 이러한 주장은 일면 매우 타당한 것처럼 보이지만 당해 판단자가 왜 모든 사람들의 도덕적 감정들을 고려해야 되는지는 분명하지 않다.

〈표 2〉 개인 선호의 해석과 합계 문제

개인 선호에 대한 해석	개인의 선호를 합계할 때 발생하는 문제
(1) 투표를 통해 표현되는 것	–
(2) 개인의 이익(후생)을 반영하는 것	사람들 간의 후생 비교가 필요함.
(3) 개인의 윤리적 판단을 반영하는 것	개인 선호의 '기수적' 측면을 배제할 수 있고, 개인들 간의 선호 비교가 불필요함.

주: 역자가 만든 표임.

합계할 때에는 사정이 완전히 달라진다. 이 경우에는 '개인들 간의 후생 비교'(interpersonal comparison of well-being)가 필수적이다. 이와 같이 개인의 선호를 어떻게 해석하느냐에 따라 선호 합계 문제가 달라짐을 알 수 있다.

센은 자신의 2014년 논문에서 투표이론의 경우에 애로우가 '민주적 전통'(democratic tradition)에 얼마나 의존하고 있는지를 강조하였다.[33] 이와 관련하여 여기서 민주주의(democracy)의 두 가지 측면을 비교해 보기로 하자. 첫째, '민주적 심의'(democratic deliberation)의 단계이다. 이는 여러 가지 사회적 상태들에 대한 개인의 판단들이 논의되고 토의되는 단계이다. 일반적으로 '개인들 간의 후생 비교'가 사회적 상태들에 대한 개인의 판단을 형성하는 데 중요한 역할을 한다. 이 단계에서 민주적 심의와 토의(애로우는 2014년에 이를 "대화와 토론"(conversation and dialogue)이라고 불렀음[34])의 결과로 사회적 상태들에 대한 어느 한 개인의 초기 판단이 변하거나 또는 변하지 않을 수도 있다. 둘째, 사회에서 최종 결정(final decision)이 내려지는 단계이다. 이 단계에서는 제1단계(즉, 개인의

33 [역자주] A. Sen(2014), "Arrow and The Impossibility Theorem," in *The Arrow Impossibility Theorem*, Columbia University Press, pp. 29~42.
34 [역자주] K. J. Arrow(2014), "Commentary," in *The Arrow Impossibility Theorem*, Columbia University Press, pp. 57~63.

판단들에 대해 '심의하는' 단계) 말에 형성된 개인의 판단들을 합계하기 위해 투표가 실시된다. 애로우 교수는 민주주의 사회에서 이루어지는 의사결정과 관련하여 '후자'의 단계를 기초로 해서 자신의 정리를 해석하였다. 따라서 애로우가 자신의 형식적 분석 틀(즉, 사회후생함수)에서 '기수적 선호(cardinal preference) 개념'과 '개인들 간의 선호 만족 비교'(interpersonal comparison of preference satisfaction)를 "배제"한 것은 그리 놀랄 일이 아니다.

3. 애로우의 불가능성 정리에 대한 몇 가지 반응들

다음으로 '애로우의 불가능성 정리'에 대한 두 가지 서로 다른 반응들에 대해 생각해 보기로 하자. 첫째, 애로우의 전체 분석 틀과 그가 가정한 조건들을 자세히 검토해 볼 수 있다. 이는 애로우가 가정한 조건들을 수정 또는 완화함으로써 불가능성 결과(impossibility result)를 피할 수 있는 회피 수단들을 찾고자 하기 위함이다. 둘째, 우리는 애로우의 불가능성 정리를 수립하는 데 사용된 전체 분석 틀과 조건들이 모두 '타당하다'(reasonable)라는 데에는 동의할 수 있다. 그러나 어떠한 선호 합계 규칙(preference aggregation rule)도 '합리적'이라고 여겨지는 '모든' 조건들을 동시에 충족시키지 못하기 때문에 모든 선호 합계 규칙들은 결함을 가지고 있다. 따라서 (1) 선호 합계에 대한 이러한 '결함적인'(불완전한) 규칙들이 가지고 있는 특성을 자세히 탐구해 보고, (2) 어떤 선호 합계 규칙이 다른 규칙들보다 더 나은지를 살펴보는 것은 매우 중요하다고 할 수 있다.

이제 이들 두 가지 반응들에 관해 자세히 살펴보기로 하자.

1) 첫 번째 유형의 반응에 대한 검토[35)]

먼저, 애로우의 '불가능성 정리'에 대한 첫 번째 유형의 반응과 관련된 몇 가지 사례들을 검토해 보기로 하자. 우리는 이미 선호 합계 문제와 관련된 여러 해석들 중에서 '일부'의 경우에 (1) 사람들의 기수적 선호(cardinal preference)와 (2) 선호 만족에 대한 개인 간 비교(interpersonal comparison)를 허용(고려)하는 것이 '얼마나 바람직한지'에 관해 검토한 바 있다. 왜냐하면 이 두 가지 요인은 애로우가 내린 사회후생함수(SWF)의 정의에서 '배제되어' 있기 때문이다. 또한 그러한 두 경우에 (3) 애로우의 IIA(무관한 선택 대안들로부터의 독립성) 조건을 완화하는 것이 필요할 것이다. 이제 사람들의 기수적 선호와 선호 만족에 대한 개인 간 비교를 '허용하기' 위하여 사회후생함수의 정의가 수정된다고 하더라도 애로우의 IIA 조건은 선호 만족에 대한 모든 개인 간 비교를 '여전히' 배제하게 할 것이다. 즉, 애로우의 IIA 조건은 어떤 두 사회적 상태들에 대한 사회적 순위(social ranking)를 이들 두 사회적 상태들에 대한 개인들의 순위(individual ranking)에 전적으로 의존하게 함으로써 여전히 선호 만족에 대한 모든 개인 간 비교를 배제하게 할 것이다. 따라서 (1) 사람들의 기수적 선호와 (2) 선호 만족에 대한 개인 간 비교를 허용하기(가능하게 하기) 위하여 사회후생함수의 정의가 수정되더라도 IIA 조건 때문에 '선호 만족에 대한 모든 개인 간 비교'는 여

35 [역자주] 독자의 편의를 위해 역자가 만든 제목임.

전히 불가능하게 될 것이다.

그러나 사람들의 선호 합계 문제와 관련하여 '다른' 해석들이 있을 수 있다. 이 경우에 선호 만족에 대한 개인 간 비교가 없더라도 결코 비합리적으로 보이지 않을 것이다. 이것은 (1) 사람들의 선호가 사회적 상태들에 대한 판결이나 "표결"로 해석되는 경우와 (2) 사회적 순위가 단순히 사회가 채택하는 '결정 방식'의 결과인 경우에는 사실일지도 모른다. 이제 이러한 맥락에서 애로우의 조건들을 고려해 보자. 파레토 원칙(Pareto principle)과 비독재성의 원칙(nondictatorship principle)은 상당히 '타당한' 제약조건들이기 때문에 애로우의 불가능성 결과로부터 탈출하려는 방법을 찾으려는 시도들은 주로 다른 조건들의 타당성에 집중되어 왔다. 예를 들면, IIA(무관한 선택 대안들로부터의 독립성) 조건에 대한 주요 타당성은 다음과 같은 '편리성'에 그 근거를 두고 있다. 즉, IIA 조건이 충족되지 않으면 우리는 '어떤 두 사회적 상태들을 비교하기 위하여' 다른(즉, "관련이 없는") 사회적 상태들에 대한 사람들의 선호 정보가 필요하다(즉, 사람들의 선호가 어떠한지를 알아야 한다). 그러나 '관련이 없는 다른 사회적 상태들'에 관한 사람들의 선호 정보를 요구하는 것은 너무 엄격하다고 할 수 있다. 이러한 이유로 IIA 조건이 타당하다고 여겨진다.

무제한적인 선택 영역(unrestricted domain, 또는 선택 영역의 무제한성)과 사회후생함수(SWF)의 정의는 합쳐서 다음을 의미한다. 즉, "사람들의 순위 정보[36]에 대해(즉, 사람들의 순위 정보를 바탕으로) 반드시 하나의 사회적 순위(a social ordering)가 존재해야만 한다"는 것을 의미한다. 다시 말하면, 무제한적인 선택

36 [역자주] 원문 그대로 번역하면 "사람들의 순위에 대한 논리적으로 가능한 모든 정보"(every logically possible profile of individual orderings).

영역 조건이 충족되고 사회후생함수가 정의되면 사람들의 순위 정보에 대해 반드시 하나의 사회적 순위가 존재해야만 한다. 애로우가 '반드시 하나의 사회적 순위가 존재해야만 한다'는 조건을 제시한 동기는 다음과 같았다(여기서 '하나의 사회적 순위'란 '반사성(reflexivity), 연결성(connectedness), 이행성(transitivity)을 충족시키는 사회적 약(弱)선호관계'(social weak preference relation, SWPR)를 말한다. 즉, 하나의 사회적 순위=사회적 약선호관계이다). 즉, 사회적 약선호관계가 반사적(reflexive), 연결적(connected), 이행적(transitive)이라면 이러한 선호관계는 유한 개로 구성된 모든 선택 대안들에 대해 반드시 '하나의 최상의 대안'(a best alternative)을 정의해(결정해) 주기 때문이다.[37] 사람들의 선호 순위를 합계하기 위한 많은 규칙들 – 예를 들면, 단순 다수결 규칙 – 은 '순환적인'(cyclical) 사회적 강(强)선호를 가져다주며, 그 결과 유한 개의 사회적 상태들에 대해 '하나의 최상의 사회적 상태'(a best social state)를 정의해(결정해) 주지 못하고 있다. 여러 사회적 상태들을 비교하는 목적이 유한 개의 상이한 사회적 상태들로부터 '하나의 최상의 사회적 상태'를 선택하는 것이라면, 사회적 약선호관계가 유한 개의 선택 대안들에 대해 '하나의 최상의 사회적 대안'(a best social option)을 정의해(결정해) 주지 못하면 그 목적은 실패할 것이다. 애로우(Arrow, 1950, 1951) 이후의 많은 연구들에서 '하나의 사회적 순위'가 유한 개의 선택 대안들에 대해 '하나의 최상의 대안'(a best option)을 정의해(결정해) 주었다.

---

37 또한 애로우(Arrow, 1951)는 '사회적 약선호관계가 하나의 사회적 순위를 가져야만 한다'는 두 번째 정당성을 제시했다. 이를 위해 애로우는 다음과 같이 주장하였다. 즉, 만약 사회적 약선호관계가 하나의 사회적 순위를 가진다면 당해 사회는 선택 대안들의 집합으로부터 두 개씩 쌍을 지어 비교함으로써(pairwise comparison) 사회적 선택에 도달할 수 있다. 이렇게 함으로써 최종 사회적 선택은 두 개씩 비교 시 나타날 수 있는 특정 "경로"(path)나 순서(sequence)에 의존하지 않게 된다.

그러나 사회적 약선호관계가 유한 개의 선택 대안들에 대해 '하나의 최상의 대안'을 정의해(결정해) 주는 데 '이행성'이 필수조건이 아니었음이 드러났다. 이후에도 이행성 조건을 완화함으로써 애로우의 불가능성 정리로부터 탈출하는 방법을 찾을 수 있는지에 관해 수많은 연구들이 이루어졌다. 그러나 사회적 약선호관계를 정의하는 데 필요한 조건들 중에서 이행성보다 훨씬 더 약한 제약조건들이 가해지더라도 선호 합계 규칙의 다른 주요 특징들(즉, 반사성과 연결성)과 양립되지 못함이 발견되었다. 가장 유명한 불가능성 결과들 중 두 가지는 지바드(Gibbard, 1969)와 센(Sen, 1970a, 1970b)의 연구 결과이다. 기존의 불가능성 결과들은 사회적 약선호관계의 수립을 위하여 약한 타당성(rationality) 조건들 – 예를 들면, 이행성 조건 – 을 사용했다. 그러나 지바드는 사회적 약선호관계의 수립에 필요한 이행성을 완화하여 '사회적 강선호관계의 수립에 필요한 이행성'을 가정하였다.[38] 다음으로 센은 '사회적 강선호관계의 비(非)순환성'(acyclicity)만을 가정하였다. 이 가정은 사회적 강선호관계의 수립에 필요한 이행성보다 훨씬 더 약하다는 특징을 가지고 있다.

그러면 사람들의 선호 순위가 존재한다는 전제 하에서 "모든 사회적 상태들에 대한 사회적 선택이 '고정된 사회적 약선호관계'(a fixed social weak preference relation)를 기초로 해야만 한다"고 가정해야 하는 강력한 이유가 있는가? 사람들의 선호 순위가 존재한다는 전제 하에서 '사회적 선택이 고정된 사회적 약선호관계를 기초로 해야만 한다'는 조건은 곧 사회적 선택에 대한 "일관성 조건"을 부과(가정)하는 것과 같다. 이와 같이 센(1993)은 기본 개념으로서

38 [역자주] A. Gibbard(1969), "Intransitive social indifference and Arrow's dilemma," *Review of Economic Design*, Vol. 18, No. 3.

'사회적 약선호관계'(SWPR)가 아니라 '사회적 선택'을 사용함으로써 애로우의 정리에 대한 하나의 대응물이 사회적 선택에 대해 일관성 조건을 부과(가정)하지 않고서도 증명될 수 있다는 것을 보여 주었다.[39] 또한 사회적 선택에 대한 일관성 조건이 우리의 가장 보편적인 다른 직관들과 충돌될 수 있다. 예를 들면, 밀(John Stuart Mill, 1859)에 따르면 "개인은 자신의 "개인" 생활과 관련된 문제들을 결정하는 데 자유로워야 한다."[40] 따라서 우리가 밀의 이러한 견해에 동의한다면 "사람들의 각 개인의 결정을 기초로 이루어진 사회적 상태들이 심지어 사회적 선택에 필요한 가장 약한 일관성 조건조차도 때때로 위반할 수 있다"는 것을 쉽게 증명할 수 있다. 이와 관련하여 서그던(Sugden, 1985)은 '결혼 배우자들의 선택'에 대한 매우 재미있는 예 하나를 들었다.[41] 서그던은 '결혼하려는 두 배우자들의 자유로운 결정에 기초한 "사회적 결정"(social decision)조차도 가장 약한 일관성 조건을 위반할 수 있다'고 주장하였다. 즉, 어떤 한 남자는 어떤 한 여자에게 청혼하느냐 마느냐를 자유롭게 결정할 수 있다. 또한 어떤 한 여자는 한 남자의 청혼을 수락하느냐 마느냐를 자유롭게 결정할 수 있다. 이러한 한 남자의 자유로운 청혼 결정과 한 여자의 자유로운 청혼 수락 결정에 바탕을 둔 '사회적 결정'조차도 사회적 선택에 필요한 가장 약한 일관성 조건을 위반할 수 있다.

애로우의 '무제한적인 선택 영역(unrestricted domain) 조건'에 관한 또 다른 견해가 있다. 이 문제는 이미 여러 연구들에서 자세히 논의되었고, 특히 매스

---

39 [역자주] A. Sen(1993), "Internal Consistency of Choice," *Econometrica*, Vol. 61.
40 [역자주] J. S. Mill(1859), *On Liberty*, reprinted in J. S. Mill, *Utilitarianism and Other Writings*, edited by M. Warnock, New York: Penguin Books, 1962.
41 [역자주] R. Sugden(1985), "Why be consistent?," *Economica*, Vol. 52.

킨(Maskin, 2014)의 최근 연구가 주목을 받을 만하다.[42] 무제한적인 선택 영역 조건은 "각 개인의 모든 순위 정보(ordering profile)를 기초로 성립하는 사회적 약선호관계에는 반드시 '하나의 순위'(an ordering)가 존재해야만 한다"는 것을 요구하고 있다. 그러나 만약 '사람들의 순위에 대한 일부 정보'가 "입수 불가능"(improbable)하다면 어떻게 되는가? 우리는 이미 '단순 다수결 규칙(simple majority rule, SMR)이 파레토 원칙, IIA 조건, 비(非)독재성 조건을 충족시키고 있다'는 사실을 잘 알고 있다. 그러면 사람들의 순위에 대한 일부 정보가 입수 불가능한 경우 단순 다수결 규칙(SMR)이 순환적인(cyclical) 사회적 강선호를 가져다주며, 그 결과 '다수결에 의해 한 명의 승자(a majority winner)를 결정해 주지 못한다'고 해도 너무 걱정할 필요가 없을 것이다. 이에 대해 매스킨(Maskin, 2014)은 다음과 같이 주장하였다. 즉, "불가능성 정리가 너무 비관적이라는 느낌이 있다. 그러나 만약 순위들이 '타당한 방법을 통해' 제약된다면 5가지 공리들은 더 이상 집단적(사회적)으로 모순되지 않을 것이다." 우리는 사람들의 순위 정보에 대한 제약들을 잘 알고 있다. 그러한 제약들은 어떤 면에서는 타당하며, 다수결 규칙 하에서 '투표 순환'(voting cycle)을 제거하는 역할을 한다. 따라서 사회적 선택 대상이 '정당'이라고 가정하면 모든 투표자들은 '정당의 이념적 정도' – 즉, 정당이 얼마나 우파적 또는 좌파적인가 – 를 기초로 해서 정당들에 대한 '하나의 공통 순위'(a common ranking)를 가지게 되며, 이 경우 정당의 "좌 · 우 이념적 정도"가 투표자들의 유일한 관심사가 된다. 그러면 우리는 '사람들의 개인 선호 순위가 블랙(Black, 1958, pp. 7~10)이 주장한 "단봉성"(single-peakedness)

---

42 그러나 매스킨(2014) 연구의 핵심은 여기에 있지 않고 '다른 데'에 있다. 이에 대해서는 조금 후 아래에서 논의할 예정이다.

특성을 충족시킬 것'이라는 사실을 알고 있다.[43] 블랙의 단봉성 특성은 단순 다수결 규칙(SMR) 하에서 사회적 강선호관계에서 발생하는 순환성(cyclicity)을 제거하는 역할을 한다. 그러나 투표자들의 선택 대안이 단일 차원(single dimension)이 아닌 경우에는 단순 다수결 규칙(SMR) 하에서 발생하는 사회적 강선호관계의 순환성을 제거하는 역할을 수행할 '선호 정보에 대한 제약들' (restrictions on preference profiles)[44]을 수립하는 일은 매우 어려울 것이다. 실제로 크레머(Kramer, 1973)는 정연하고도 심층적인 연구를 통해 "투표자들의 선택 대안이 복수 차원(multiple dimension)인 '일반적인' 경우에 사람들의 선호 순위 정보에 대한 대부분의 제약들이 충족되지 않을 것"이라는 사실을 증명하였다.[45]

마지막으로, 애로우가 수립한 공리들(axioms)이 가지는 한 가지 중요한 시사점에 관해 주목해 보기로 하자. 이와 관련하여 센(1977, 2011, 2014)의 연구가 주목을 끌 만하다. 그러한 시사점은 애로우가 수립한 어떤 단일 공리가 아니라 무제한적인 선택 영역(UD), 파레토 원칙(PP), 무관한 선택 대안들로부터의 독립성(IIA) 공리들의 "결합"에서 도출할 수 있다. 이러한 세 가지 공리들은 결합하여 사회적 상태들에 대한 사회적 순위를 결정하는 과정에서 사람들의 개별 선호에 대한 정보 이외의 다른 어떤 정보(즉, 관련된 사회적 상태들에 대한 정보)를 고려할 가능성을 배제하는 역할을 한다(즉, 이러한 세 가지 공리들은 결합하여 사회적 상태들에 대한 사회적 순위를 결정하는 과정에서 '사람들의 개별 선호에 대한 정보'만 고려하도록 하는 역할을 한다). 그러나 센(2014)은 "세 가지 공리의 결합은 그 자체

43 [역자주] D. Black(1958), *The Theory of Committees and Elections*, Cambridge University Press.
44 [역자주] 물론 그러한 제약들은 논리적 '타당성'을 가지고 있어야 한다.
45 [역자주] G. Kramer(1973), "On a class of equilibrium conditions for majority rule," *Econometrica*, Vol. 41.

만으로 '사회후생함수의 제약'에 해당된다"고 강하게 주장하였다. 왜냐하면 사회후생함수의 제약은 밀(1859)의 다음 생각과 상충되기 때문이다. 즉, 밀에 따르면 "한 개인은 그 자신의 "개인 생활"(personal life)과 관련된 문제들에 대하여 스스로 결정할 권리를 가져야만 하며, 자신의 결정에 대해 다른 사람들이 어떻게 느끼든 상관이 없다"고 주장하였다. 밀의 이러한 생각은 '(1) 사람들의 기수적 효용과 (2) 선호 만족의 개인 간 비교'를 고려하기 위하여 사회후생함수의 정의를 수정한다고 하더라도 여전히 타당하다고 할 수 있다. 센(1970a, 1970b)이 주장한 '개인의 권리'에 대한 주요 연구에 뒤이어 후생경제학과 사회선택이론을 연구하는 다수의 연구자들은 '개인의 권리, 자유, 그리고 책임' 등과 관련된 문제들을 꾸준히 연구해 왔다. 이러한 연구들은 사회적 선택의 '정보적 기초'(informational basis)를 애로우의 기본 공리들 하에서 허용되는 것 이상으로 크게 확장하는 데 기여해 왔다. 그러나 그러한 연구들의 지적 기원(intellectual origin)은 사회적 선택과 애로우의 불가능성 정리에 그 바탕을 두고 있다.

2) 두 번째 유형의 반응에 대한 검토[46)]

다음으로, 애로우의 '불가능성 정리'에 대한 두 번째 유형의 반응에 대해 간단히 검토해 보기로 하자. 우리는 '모든 투표 방식들(voting procedures)은 애로우가 수립한 몇 가지 조건(공리)들을 반드시 위반하게 된다'(다시 말하면, '모든 투표 방식들은 애로우가 수립한 기본 공리들을 동시에 충족시키지 못한다')는 사실을 잘

46 [역자주] 독자의 편의를 위해 역자가 만든 제목임.

알고 있다. 그럼에도 불구하고 (1) 상이한 투표 방식들이 가지고 있는 구조적 특성이 어떠한지, 그리고 (2) 어떤 투표 방식이 다른 투표 방식들보다 더 나은지를 알아보는 것은 여전히 중요하다. 개별 투표 방식들과 각 투표 방식이 가진 취약점들에 대한 연구는 보르다(Borda, 1781)와 콩도르세(Condorcet, 1785)로 거슬러 올라간다. 그러나 애로우의 불가능성 정리는 (1) 특정 투표 방식들과 (2) 이들 방식 하에서 발생할지도 모르는 "역설적" 결과들에 대한 수많은 연구들에 대해 '지적 자극'(intellectual stimulus)이 되었다.[47] 이러한 연구들은 매우 중요하고 흥미롭다. 특히, 주목할 만한 한 가지 흥미로운 연구는 '투표역설이 발생할 확률'을 계산한 것이다. 즉, 여러 가정들을 기초로 해서 특정 투표 방식들 하에서 '역설이 발생할 확률'을 계산하였다(이러한 연구의 여러 결과들에 관해서는 게를라인과 레펠리(Gehrlein and Lepelley, 2012)[48]를 참고하기 바람). 그러나 이러한 연구는 이미 콩도르세(1785)에서 시작되었다고 할 수 있다.

또한 다스굽타와 매스킨(Dasgupta and Maskin, 2008)의 연구도 주목할 만하다(이들의 연구 결과는 매스킨(Maskin, 2014)의 논문에 쉽게 잘 요약되어 있다). 다스굽타와 매스킨은 '단순 다수결 투표 방식(simple majority voting procedure)이 다른 투표 방식들에 비해 얼마나 더 나은지'를 분석하고 있다. 그러나 다스굽타와 매스킨(2008)의 분석 틀은 '사회후생함수'가 아니라 소위 '투표 규칙'(voting rules) 면에서 애로우(1951)의 분석 틀과 약간 다르다. 다스굽타와 매스킨은 '투표 규칙'을

47 다른 유형의 투표 규칙들과 투표역설들(voting paradoxes)에 대해서는 펠젠탈(Felsenthal, 2012)을 참고하기 바람: D. S. Felsenthal(2012), "Review of paradoxes afflicting procedures for electing a single candidate," in D. S. Felsenthal and M. Machover(eds.), *Electoral Systems*, Heldelberg: Springer-Verlag.

48 [역자주] W. V. Gehrlein and D. Lepelley(2012), "The value of research based on simple assumptions about voters' preferences," in D. S. Felsenthal and M. Machover(eds.), *Electoral Systems*, Heldelberg: Springer-Verlag.

다음과 같은 하나의 '함수'로 정의하였다. 즉, 사회적 상태들로 구성된 유한전체집합 X와 전체집합 X의 모든 부분집합 A, 그리고 전체집합 X에 대한 사람들의 모든 순위 정보들을 바탕으로 투표 규칙 함수는 부분집합 A 중에서 정확히 하나의 부분집합(공집합도 가능함)을 규정해 준다. 이와 같이 규정된 하나의 부분집합은 곧 '사람들의 순위 정보를 바탕으로 당해 사회가 부분집합 A로부터 선택하는 사회적 상태들'로 해석될 수 있다. 또한 투표 규칙 함수는 '사람들의 선호 순위가 (공집합이 아닌) 어떤 부분집합 R로부터 결정된다'고 가정한다(여기서 R은 전체집합 X를 바탕으로 사람들의 모든 강선호 순위들로 구성된 집합을 말한다). 이러한 모든 R에 대해 투표 규칙이 갖추어야 할 다섯 가지 (타당한) 특성들(조건 또는 공리)이 정의된다. 이제 '그러한 모든 R에 대해 다섯 가지 특성들(조건 또는 공리)이 모두 충족된다면 하나의 투표 규칙이 성립한다'고 말한다. 이러한 정의를 바탕으로 다스굽타와 매스킨은 본질적으로 다음 세 가지 사항을 증명하고자 하였다.

(1) 부분집합 R이 전체 집합 X를 바탕으로 모든 강(强)선호 순위들로 구성된 집합이라면 그러한 R에 대해 '어떠한 투표 규칙'도 성립하지 않는다(애로우의 불가능성 정리처럼 이러한 결과도 '불가능성 결과'(impossibility result)이다. 그러나 이러한 결과는 사회후생함수가 아니라 다스굽타와 매스킨이 정의한 '투표 규칙들'을 바탕으로 증명되었다. 또한 사회후생함수에서 가정한 공리들과 다스굽타와 매스킨이 가정한 공리들은 직관적으로 약간 다르다).

(2) 만약 부분집합 R에 대해 '어떤' 투표 규칙에서 성립한다면 '단

순 다수결 투표 규칙'(SMVR)도 R에 대해 성립한다.

(3) V를 다스굽타와 매스킨이 정의한 유형의 '어떤 투표 규칙'이라고 가정해 보자. 만약 어떤 조건들이 충족된다면 모든 강선호 순위들로 구성된 하나의 부분집합 R'이 반드시 존재한다. 이러한 경우에 단순 다수결 투표 규칙(SMVR)은 R'에 대해서 성립하지만, V는 R'에 대해서 성립하지 않는다.

마지막으로, 다스굽타와 매스킨이 규정한 다섯 가지 특성들(조건 또는 공리)과 상기 세 가지 결과들을 바탕으로 여러 유형의 투표 규칙들을 평가해 보면, "단순 다수결 투표 규칙(SMVR)의 성과(즉, '성립 가능성')가 다른 모든 투표 규칙들의 성과보다 더 우월하다"는 것을 알 수 있다(상기 (2)항과 (3)항 참조). 이러한 결과는 다음 사실에도 불구하고 성립한다. 즉, 우리는 "(논리적으로 가능한) 사람들의 모든 강선호 순위를 가정한다면 특정 사회적 상태들과 사람들의 선호 순위 정보에 대해 '단순 다수결 투표 규칙'이 때로는 하나의 사회적 결정을 가져다주지 못한다"는 사실을 잘 알고 있다. 따라서 이러한 사실에도 불구하고 단순 다수결 투표 규칙은 성과(성립 가능성) 면에서 '다른 모든 투표 규칙들'보다 더 낫다(우월하다)고 할 수 있다.

4. 결론

결론으로 다음 두 가지 점을 지적하고자 한다. 먼저, 사회적 선택(social

choice)과 사회후생 평가(social welfare evaluation)와 관련된 연구문헌들을 대략적으로 살펴만 보아도 우리는 "'애로우의 불가능성 정리'가 사회적 선택과 사회후생 평가에 대한 우리의 생각에 얼마나 '깊고 광범위한' 영향을 미쳤는가"를 쉽게 알 수 있다. 다음으로, 이번의 센 교수와 매스킨 교수의 강연은 '애로우의 불가능성 정리'의 주요 핵심들과 후속 연구자들에 의한 발전, 그리고 두 교수님의 이제까지의 커다란 기여 등에 대해 아주 명쾌하게 설명해 주고 있다.

참고문헌

Arrow, K. J.(1950), "A difficulty in the concept of social welfare," *Journal of Political Economy*, Vol. 58.

______(1951 and 1963), *Social Choice and Individual Values*, New York: Wiley.

______(2014), "Commentary," in *The Arrow Impossibility Theorem*, Columbia University Press, pp. 57~63.

Bergson, A.(1938), "A reformulation of certain aspects of welfare economics," *Quarterly Journal of Economics*, Vol. 52.

______(1954), "On the concept of social welfare," *Quarterly Journal of Economics*, Vol. 68.

Black, D.(1948a), "On the rationale of group decision making," *Journal of Political Economy*, Vol. 56.

______(1948b), "The decisions of a committee using a special majority," *Econometrica*, Vol. 16.

______(1948c), "The elasticity of committee decisions with an altering size of majority," *Econometrica*, Vol. 16.

______(1958), *The Theory of Committees and Elections*, Cambridge University Press.

Borda, J. C. de(1781), "Mémoire sur les élections au scrutin," *Mémoires de l'Académie Royale des Sciences*, English translation by A. de Grazia, *Isis*,

Vol. 44, 1953.

Bowen, H. R.(1943), "The interpretation of voting in the allocation of economic resources," *Quarterly Journal of Economics*, Vol. 58.

Condorcet, Marquis de(1785), *Essai sur l'Application de l'Analyse à la Probabilité des Décisions Rendues à la Pluralite des Voix*, Paris.

Dasgupta, P. and E. Maskin(2008), "On the robustness of majority rule," *Journal of the European Economic Association*, Vol. 6(이 논문은 본서의 제7장에 다시 수록되어 있음).

Felsenthal, D. S.(2012), "Review of paradoxes afflicting procedures for electing a single candidate," in D. S. Felsenthal and M. Machover(eds), *Electoral Systems*, Heldelberg: Springer-Verlag.

Gehrlein, W. V. and D. Lepelley(2012), "The value of research based on simple assumptions about voters' preferences," in D. S. Felsenthal and M. Machover(eds), *Electoral Systems*, Heldelberg: Springer-Verlag.

Gibbard, A.(1969), "Intransitive social indifference and Arrow's dilemma," *Review of Economic Design*, Vol. 18, No. 3.

Hicks, J. R.(1939), "The Foundations of Welfare Economics," *Economic Journal*, Vol. 48.

Kaldor, N.(1939), "Welfare propositions in economics," *Economic Journal*, Vol. 49.

Kramer, G.(1973), "On a class of equilibrium conditions for majority rule," *Econometrica*, Vol. 41.

Lange, O.(1942), "The foundations of welfare economics," *Econometrica*, Vol. 10.

Little, I. M. D.(1952), "Social choice and individual values," *Journal of Political Economy*, Vol. 60.

Maskin, E.(2014), "The Arrow impossibility theorem: where do we go from here?," in *The Arrow Impossibility Theorem*, Columbia University Press, pp. 43~55.

Mill, J. S.(1859), *On Liberty*, reprinted in J. S. Mill, *Utilitarianism and Other Writings*, edited by M. Warnock, New York: Penguin Books, 1962.

Sen, A.(1970a), *Collective Choice and Social Welfare*, San Francisco: Holden Day.

______(1970b), "The impossibility of a Paretian liberal," *Journal of Political Economy*, Vol. 78.

______(1977), "Social choice theory: A reexamination," *Econometrica*, Vol. 45.

______(1993), "Internal Consistency of Choice," *Econometrica*, Vol. 61.

______(2011), "The informational basis of social choice," in K. J. Arrow, A. Sen, and K. Suzumura, *Handbook of Social Choice and Welfare*, Vol. II, North-Holland.

______(2014), "Arrow and The Impossibility Theorem," in *The Arrow Impossibility Theorem*, Columbia University Press, pp. 29~42.

Sugden, R.(1985), "Why be consistent?," *Economica*, Vol. 52.

제3장 애로우와 불가능성 정리

센(Amartya Sen)

1. 서론

2. 일반 가능성 정리

3. 일반 가능성 정리에 대한 증명: 보조정리 이용

4. 애로우 정리의 몇 가지 특징

제3장 애로우와 불가능성 정리[1)]

1. 서론

케네스 애로우(Kenneth Arrow) 교수님께 이렇게 존경과 경의를 표할 수 있는 기회를 갖게 되어 무한한 영광으로 생각합니다. 여러분들도 잘 아시다시피 애로우 교수님은 우리 시대의 가장 위대한 경제학자 중 한 분이며, 또한 가장 뛰어난 사상가 중 한 분이기도 합니다. 이러한 사실 자체만으로도 저는 이번의 「제2회 애로우 기념 강연」(Arrow Lecture)에서 연설하게 된 것을 기쁘게 생각합니다. 또한 저의 과거 동료였던 에릭 매스킨(Eric Maskin) 교수를 여기서 만나게 되어 기쁘게 생각합니다. 저와 매스킨 교수는 과거 하버드 대학교에서 '사회선택이론'(social choice theory) 강좌를 공동으로 강의한 적이 있기 때문입니다. 그 후 매스킨 교수는 프린스턴 대학교 고등연구소(Institute for Advanced Study)로 가게 되어 저와 헤어지게 되었습니다.[2)] 마지막으로 본 기념 강연의 위원장이신 스티글리츠(Joseph Stiglitz) 교수를 만나게 되어 매우 기쁘게 여기는 바입니다 (저는 오랫동안 스티글리츠 교수와 친분을 유지해 왔으며, 스티글리츠 교수가 이 기념 강연

---

1 컬럼비아 대학교에서 발표한 나의 「제2회 애로우 기념 강연」에 대해 유익한 논평을 해준 매스킨 교수와 스티글리츠 교수 등에게 감사를 드린다.

2 그 후 매스킨 교수는 2012년에 다시 하버드 대학교 경제학과로 돌아왔다.

의 의장 역할을 적극적이고 충실히 할 것으로 확신합니다). 저는 오늘 이 행사의 배경에 아킬 빌그래미(Akeel Bilgrami)[3] 교수님의 '지적 비전'(intellectual vision)이 있었다는 것을 잘 알고 있습니다. 그 동안 저는 이 기념 강연에서 연설할 수 있기를 고대해 왔으며, 저를 초청해 주신 여러분들께 먼저 감사를 드립니다. 또한 현대 사회선택이론이라는 새로운 분야를 개척해 주셨을 뿐만 아니라, 개인적으로 저 자신의 지적 생활(intellectual life)에 커다란 영향을 주신 애로우 교수님께 무한한 감사를 드리며 저의 강연을 시작하겠습니다.

나는 본 장에서 무엇보다도 애로우의 선구적이고 기념비적인 업적인 "불가능성 정리"(impossibility theorem)에 초점을 맞추고자 한다. 사실 애로우는 그의 쾌활한 기질대로 ('불가능성 정리'라는 어두운 이름보다) 다소 '밝은' 이름인 "일반가능성 이론"(General Possibility Theorem)을 발견하려 하였다.[4] 그러나 '불가능성 정리'는 '수리적 사회선택이론'(mathematical social choice theory)의 체계화와 함께 '후생경제학'(welfare economics)뿐만 아니라 '투표이론'(voting theory)과 '집단 선택'(collective choice) 등의 역사에 있어서 실질적인 분수령이 되었다.

현대 사회선택이론의 정보적 기초(informational basis)는 '기본적인 민주적 신념'(basic democratic conviction)과 관련되어 있다. 이 경우 민주적인 신념이란 '사회적 판단(social judgement)과 공적 결정(public decision)이 투명한 방식을 통해(예를 들면, 선거를 통해) 사회의 구성원인 '개인들의 선호'(individual preferences)를 기초로 해서 이루어져야만 한다'는 것을 의미한다. 나는 사회선택이론의 이러한 측면을 내가 쓴 "사회적 선택의 정보적 기초"(The Informational Basis of Social

3 [역자주] 미 컬럼비아대학교 철학 교수.

4 Kenneth J. Arrow(1951), *Social Choice and Individual Values*, New York: Wiley. 이 책은 1963년에 확장판으로 재발행되었음.

Choice)라는 논문에서 자세히 검토하였다[5](이 논문은 본서의 제6장에 다시 게재되어 있다). 이러한 민주주의적 본능(democratic instinct)의 출현은 유럽 계몽운동(European Enlightenment; 18세기 유럽의 합리주의 운동)을 둘러싼 사상 및 사건들과 밀접히 관련되어 있다. 이러한 민주적 사회제도의 추구가 과거의 여러 가지 다른 원천들과 사상들에 의존하지만, 특히(전부는 아니지만) 18세기 후반에 전개된 유럽 계몽운동으로부터 가장 큰 영향을 받았다. 무엇보다도 프랑스 대혁명(1789~1799년)과 미국 독립전쟁(1775~1783년)이 18세기 후반에 일어났다.

물론 사람들의 "선호"(preferences)가 무엇을 나타내는지는 민주적 상황에 따라 다르게 해석될 수 있다. 선호 개념에 대한 해석의 차이는 다음 세 가지 경우로 나누어 비교해 볼 수 있다. 즉, (1) 투표나 입후보자(ballot)에 초점을 맞추는 경우(이는 보르다(Borda)와 콩도르세(Condorcet)의 고전적인 연구들에서 탐구됨), (2) 개인들의 이익에 초점을 맞추는 경우(이는 흄(D. Hume), 벤담(J. Bentham), 밀(J. S. Mill) 등의 선구적인 저서들에서 각각 다르게 연구됨), (3) 사회와 집단들에 대한 사람들의 다양한 판단과 도덕적 감정에 초점을 맞추는 경우(이는 애덤 스미스(A. Smith), 칸트(I. Kant) 등에 의해 수세기 동안 연구되어 옴) 등에서 선호는 각각 다르게 해석되고 있다. 선호에 대한 상이한 해석들 간의 이러한 비교는 어떤 경우에는 매우 중요하다. 나는 곧 그러한 경우들을 자세히 살펴볼 예정이다. 그러나 당분간 위에서 언급한 상이한 해석들을 모두 포괄하기 위하여 일반적 용어인 선호(preference)를 사용할 것이다. 일반적 의미에서 '선호'는 공적 결정과 사회적 판단의 정보적 기초를 설명하는 데 충분하다.[6]

---

5 이에 대해서는 A. Sen(2010), "The Informational Basis of Social Choice," in *The Handbook of Social Choice and Welfare*, Vol. 2, edited by K. Arrow, A. Sen, and K. Suzumura, Amsterdam: Elsevier을 참고하기 바람.

〈표 1〉 선호 개념의 적용 대상

적용 대상	연구자
투표나 입후보자	보르다(Borda), 콩도르세(Condorcet)
개인의 이익	흄(D. Hume), 벤담(J. Bentham), 밀(J. S. Mill)
사회와 집단의 판단과 도덕적 감정	애덤 스미스(A. Smith), 칸트(I. Kant)

주: 역자가 만든 표임.

애로우(K. Arrow)에 의해 개척된 현대 사회선택이론에서 이러한 '민주적 가치'는 절대적으로 중요하며, 이러한 원칙은 사회적 선택의 정보적 기초 논의에서도 그대로 적용되어야 한다. 예를 들면, 어떤 공리 조건이 '독재자'의 존재를 정당화시킬 때 이는 민주적 가치 측면에서 매우 당황스러운 결과가 될 것이다. 따라서 '정보적 포괄성'(informational inclusiveness)의 중요성에 대한 이해 없이는 애로우의 불가능성 정리와 관련된 중대한 지적 도전을 이해할 수 없을 것이다. 정보적 포괄성은 '민주적 가치의 실현'을 통해 달성된다. 그러나 공리 조건에 의해 '독재적 결과'가 발생할 때 민주적 가치와 정보적 포괄성은 달성되지 못할 것이다.

우선, 애로우의 불가능성 정리가 '무엇을 주장하는지'와 '어떻게 증명되는지'를 논의하고자 한다. 일반적으로 불가능성 정리가 이해하기 "매우 어려운" 것으로 알려져 있다. 그러한 표현은 불가능성 정리가 가진 '매우 놀라운 성질'

---

6 이러한 구분과 광범위한 의미에 대해서는 다음 논문들을 참고하기 바람. A. Sen(1977), "Social Choice Theory: A Re-examination," *Econometrica*, Vol. 45(이 논문은 *Choice, Welfare and Measurement*, Oxford: Blackwell, and Cambridge, Mass.: MIT Press, 1982에 재수록되어 있고, Cambridge, Mass.: Harvard University Press, 1997에서 재발행됨). 또한 A. Sen(1995), "Rationality and Social Choice," *American Economic Review*, Vol. 85(이 논문은 나의 미국경제학회장 취임 연설이며, *Rationality and Freedom*, Cambridge, Mass.: Harvard University Press, 2002에 재수록되어 있음).

과 '어마어마한 영향력'에 비추어 볼 때 적절하다고 생각된다. 그러나 미리 어렵다는 '불안감'을 주는 것은 사람들로 하여금 불가능성 결과가 어떻게 유도되는지를 이해시키고자 하는 데에는 그다지 큰 도움이 되지 못한다. 그럼에도 불구하고 정치학, 후생경제학, 또는 공공정책에 관심이 있는 사람들은 애로우의 불가능성 정리의 '분석적 토대'(analytical foundation)를 이해하는 것이 중요하다. 또한 불가능성 정리가 이해하기 매우 어려운 것으로서 인식되어야 할 아무런 이유가 없다. 따라서 불가능성 정리가 '무엇을 의미하는지'를 알고, '어떤 의미가 잘못 주장될 수 있는지'를 알려면 그에 대한 면밀한 이해가 필요하다.

애로우의 불가능성 정리의 증명을 위해 나는 애로우 자신의 증명 방식을 따르고자 한다. 그러나 약간의 수정을 통해 그 증명을 간결하고 쉽게 제시하고자 한다. 그러나 나의 증명은 애로우 자신의 증명처럼 기본 논리학(basic logic)만을 사용한 완전히 초보적인 수준에 불과하다.[7] 여기서 중요한 것은 애로우의 정리를 가능한 한 '간결하고', '쉽게' 증명하는 것이다. 특히, 전문적인 추론 방식이나 수학 및 고급 수리논리학에 대한 특별한 지식이 없이도 누구나 이해할 수 있어야 한다. 그래서 나는 각 단계에서 해당 증명을 자세히 설명해 두었다(이러한 유형의 논리적 증명에 매우 익숙한 사람들에게는 너무 자세할지도 모르겠다).

7 애로우 정리에 대한 '간결한 증명'(short proof)은 사회선택이론에서 흔히 반복되는 관행이다. 그렇다고 해서 우리는 이러한 관행을 숭배할 필요는 없다. 왜냐하면 모든 증명들은 이런 또는 저런 방식으로 애로우의 선구적인 통찰력에 바탕을 두고 있기 때문이다. 그러나 증명의 "간결성"에 너무 의존해서는 안 된다. 애로우의 증명은 완전히 초보적이며 논리학의 기본 규칙 이외에는 아무것도 가정하고 있지 않다. 여기서도 나는 논리학의 기본 규칙을 따를 것이다. 나는 Sen(1995)의 각주 9와 10을 통해 이러한 증명을 제시한 바 있다(A. Sen, 1995, "Rationality and Social Choice," *American Economic Review*, Vol. 85. 또한 이 논문은 *Rationality and Freedom*, Cambridge, Mass.: Harvard University Press, 2002, p. 267에 재수록되어 있음).

2. 일반 가능성 정리

애로우가 관심을 가진 사회적 선택(social choice)의 기본 논의는 '사회적 상태들(social states)로 구성된 집합,[8] 즉 $(x, y, z, \cdots)$를 평가하고 그로부터 선택하는 것'과 관련되어 있다.[9] 여기서 x, y, z 등은 어느 한 국가에서 특정 시점에 개인들과 사회 전체에 대해서 일어나고 있는 사회적 상태들[10]을 나타낸다.[11] 애로우의 관심사는 사회적 상태들인 x, y, z 등으로 구성된 집합에 대해 각 개인의 선호를 합계하여 "사회 전체의 순위"(aggregate social ranking, R)를 어떻게 도출할 것인가에 있었다. 애로우는 민주적 위임(democratic commitment)을 바탕으로 사회 전체의 순위(R)를 도출하기 위해 개인 순위들(즉, $\{R_i\}$)을 합계하였다. 여기서 R_i는 사회적 선택 대상인 사회적 상태들에 대한 어떤 개인 i의 선호 순위를 말한다. 애로우가 "사회후생함수"(social welfare function)라고 부른 것은 바로 이러한 함수적 관계(즉, $R = f(R_i)$)를 나타낸다. 따라서 사회적 상태들에 대한 개인들의 선호로 구성된 어떤 집합이 주어져 있다고 가정하면 '사회후생함수'는 하나의 특정한 사회 전체의 순위(R)를 결정할 수 있다.

---

8 [역자주] 집합(set)이란 수학적으로 특정 조건에 맞는 원소들의 모임을 말한다. 즉, 임의의 한 원소가 그 모임에 속하는지를 알 수 있고, 그 모임에 속하는 임의의 두 원소가 다른가 또는 같은가를 구별할 수 있는 명확한 표준이 있는 것을 말한다. 그러나 여기서 집합은 '많은 수의 사회적 상태들'을 말한다.

9 [역자주] 여기서 사회적 상태들을 '사회적 문제들'(social issues)이라고 생각하면 이해하기 쉬울 것이다.

10 [역자주] 물론 사회적 상태들은 존재해야 하고, 또 선택 가능해야 한다.

11 [역자주] 예를 들면, 2015년 3월 현재 우리나라에서 일어나고 있는 주요 사회적 문제들로 김영란법 국회 통과, 어린이집 CCTV 설치, 무상복지 축소, 연말정산 파동, 공무원연금 개혁 등이며, 이를 집합(set)의 형태로 표현하면 {김영란법 국회 통과, 어린이집 CCTV 설치, 무상복지 축소, 연말정산 파동, 공무원연금 개혁}=$\{x, y, z, k, q\}$와 같이 나타낼 수 있다. 이들 문제에 대한 각 개인(시민)의 생각과 선택이 다를 수 있으며, 이를 합하여 사회 전체의 선택을 도출할 수 있다.

사회적 선택에 사용되는 여러 투표 규칙들(voting rules)에서 '일관성(consistency, 비(非)모순성 또는 이행성) 문제'가 존재하거나, 또 나타날 수 있다. 이러한 사실은 이미 18세기에 프랑스의 콩도르세(de Condorcet) 후작(侯爵)에 의해 증명되었다. 사회적 선택에서 '일관성 문제'는 어떻게 발생하는가? 예를 들어, 다수결 결정 방식의 경우에 일관성 문제가 어떻게 발생하는지를 살펴보기로 하자.

어느 사회에 세 사람이 있고, 각 개인은 세 가지 선택안(또는 선택지)인 x, y, z에 대해 다음과 같은 개인적 선호(또는 선호 순위)를 가지고 있다고 가정해 보자.

선호 순위 \ 개인	개인 1	개인 2	개인 3
첫 번째로 선호(가장 선호)	x	y	z
두 번째로 선호(중간 선호)	y	z	x
세 번째로 선호(가장 덜 선호)	z	x	y

여기서 사회적 선택을 위해 '다수결 방식'에 의한 결정 규칙을 적용해 보면 선택안 x는 y를 누르고,[12] 선택안 y는 z를 누르고,[13] 마지막으로 선택안 z는 x를 누르게[14] 됨을 볼 수 있다. 그러나 이와 같이 '다수결 규칙'(majority rule)에 의해 도출된(결정된) 사회 전체의 순위(R)는 불행히도 '이행성(transitivity) 조건'을 위반하고 있으며, 심지어 이행성 조건보다 더 약한 일관성 조건(예를 들면, '비순환성'(acyclicity))을 위반할 수 있다. 또한 주어진 개인들의 선호 집합 내

12 [역자주] 즉, 표에서 선택안 x와 y를 비교해 보면 2:1(다수결)로 x가 y보다 선호되고 있다.
13 [역자주] 즉, 표에서 선택안 y와 z를 비교해 보면 2:1(다수결)로 y가 z보다 선호되고 있다.
14 [역자주] 즉, 표에서 선택안 z와 x를 비교해 보면 2:1(다수결)로 z가 x보다 선호되고 있다.

에서 각각의 선택안은 다른 선택안에 의해 눌리기 때문에 이용 가능한 선택안들의 집합인 {x, y, z}에 대해 '다수결 승자'(majority winner) – 이를 "선택 집합"(choice set)이라 함 – 가 존재하지 않는다.

물론 다수결 규칙은 매우 매력적이지만 하나의 특별한 규칙이다. 투표 관련 여러 정리들 중에서 특히 애로우의 정리(定理)는 투표 규칙들이 가진 일관성 문제를 일반화하고 있으며, 실제로는 그 이상의 역할을 한다.

다음 네 가지 공리들(axioms) – 이를 '공리 집합'이라 부름 – 을 가정해 보자. 이 공리들은 애로우가 사용한 최초의 공리들에 바탕을 두고 있지만, 사실은 그보다 조금 더 단순할 뿐만 아니라 덜 엄격하다. 그러나 이들 네 가지 공리들은 '불가능성 정리'(impossibility theorem)를 증명하는 데 부족함이 전혀 없다.

(1) '무제한적인 선택 범위'(unrestricted domain, U): 개인들의 어떠한 선호 집합에 대해서도 하나의 사회적 순위(R)가 존재한다. 즉, 사회적으로 선택 범위에 어떠한 제한도 없다.
(2) '무관한 선택안들로부터의 독립성'(Independence of Irrelevant Alternatives, IIA): 어떠한 두 선택안 {x, y}에 대한 사회적 순위는 선택안 x와 y에 대한 개인들의 순위에만 달려 있어야 한다. 즉, 두 선택안 {x, y}에 대한 사회적 순위는 선택안 z에 대한 개인들의 순위와는 무관하다.
(3) '파레토 원칙'(Pareto principle, P): 모든 사람들이 선택안 y보다 x를 선호하면 사회적으로도 선택안 x가 y보다 선호되어야 한다.
(4) '비독재성'(nondictatorship, D): 어느 한 개인 i가 선택안 y보다 x를

선호하면 사회적으로도 x가 y보다 선호될 수 있다. 이때 이 사람의 선호를 '독재자'의 선호라 부른다. 그러나 사회적 순위 결정 시 이러한 독재자가 없어야 한다.

이제 이러한 네 가지 공리들을 바탕으로 다음과 같은 '일반 가능성 공리'를 정의해 보기로 하자.

[**일반 가능성 정리**(General Possibility Theorem)] 만약 최소한 세 개의 서로 다른 사회적 상태들(즉, 선택안들)이 있고 유한(有限) 수의 사람들이 있다면, 어떠한 사회후생함수(SWF)라도 U, IIA, D 그리고 P 공리를 동시에 충족시킬 수 없다. 즉, 네 가지 공리들을 동시에 충족시키는 사회후생함수는 존재할 수 없다.

이러한 결과를 증명하는 한 가지 일반적인 방법은 다음과 같다. 즉, "U, IIA 그리고 P 공리를 함께 충족시키는 어느 한 사회후생함수는 반드시 '독재적'이어야 한다". 그러나 이러한 결과는 타당성 있게 보이는 네 가지 기본 공리들을 바탕으로 하고 있지만, 민주적 위임에 정반대되는 '모순적인' 결론이다. 왜냐하면 세 가지 공리들(즉, U, IIA 그리고 P 공리)이 충족되지만 민주주의의 근간을 이루는 '비독재성 공리'(즉, D 공리)가 달성되지 않기 때문이다.

3. 일반 가능성 정리에 대한 증명: 보조정리 이용

'일반 가능성 정리'를 증명할 때 우리는 두 가지 중간 결과(이를 전문 용어로 "보조정리"(lemma)라 부른다)를 이용할 수 있다. 다시 말하면, 두 개의 보조정리를 이용하여 일반 가능성 정리를 증명할 수 있다. 이러한 증명에서 중요한 것은 사회적 선택 과정에서 "결정적인"(decisive) 역할을 하는 사람들이 존재하며, 이러한 사람들의 집합을 G라고 가정하자(예를 들어, 사회적 선택 과정에서 다섯 명의 개인들이 "결정적인" 역할을 한다고 가정해 보자). 이러한 집합 G를 "결정 집합"이라 부르기로 하자. 이를 바탕으로 다음 결과가 도출된다. 우선, 만약 이 집합이 어떤 두 선택안 $\{x, y\}$에 대해 적용된다면 이를 "국지적으로 결정적"(locally decisive)이라 한다. 즉, 집합 G(즉, 사회적 선택 과정에서 '결정적인' 역할을 하는 사람들로 구성된 집합)에 포함된 모든 개인들이 선택안 x를 y보다 선호한다면 사회적으로도 항상 선택안 x가 y보다 선호되어야만 한다(이때 집합 G에 들어 있지 않은 사람들의 선택안 x와 y에 대한 순위는 전혀 중요하지 않다). 다음으로 좀 더 일반적으로 말하면, 만약 집합 G가 모든 두 선택안들에 대해 '국지적으로 결정적'이면 이를 "전국적으로 결정적"(globally decisive)이라고 한다. 이러한 첫 번째 중간 결과(보조정리)를 '결정성의 확장'(spread of decisiveness)이라고 부르기로 하자. 즉, 어떤 한 쌍의 선택안(즉, 두 선택안)으로부터 다른 모든 두 선택안으로 '결정성 원리가 확장(spread)되는 것'을 의미한다. 여기에서 사용된 증명 전략의 핵심은 특정 두 선택안(예를 들어, $\{x, y\}$)에 대해 결정적 집합 G에 포함되어 있는[15] 사람들(즉, 사회적 선택 과정에서 '결정적 역할'을 하는 사람들)에 대한 '부분적 순위'(partial

---

15 [역자주] 원문은 not in G이나 문맥상 not이 없는 것이 옳음.

ordering)만을 고려하는 데 있다. 이러한 증명은 다른 모든 부분적 순위들에도 적용되어 궁극적으로 '완전한 순위'(complete ordering)를 이끌어 낼 수 있다.

1) 제1 보조정리: 결정성의 확장

첫 번째 보조정리인 '결정성의 확장 정리'는 다음과 같이 설명될 수 있다.

[주장 1] 만약 집합 G가 어떠한 두 선택안 $\{x, y\}$에 대해 '국지적으로 결정적'이면 집합 G는 '전국적으로도 결정적'이다. 이를 '결정성의 확장 정리'라고 한다. 결정성의 확장 정리를 '파레토 원리'(Pareto principle)라 부른다.

[증명 1] 두 선택안 $\{x, y\}$와 구별되는 다른 어떤 두 선택안 $\{a, b\}$가 있으며, 예외 없이 모든 사람들이 선택안 x보다 a를 선호하고, 선택안 b보다 y를 선호한다고 가정해 보자(즉, 모든 사람들의 선호가 $a>x$, $y>b$라고 가정하자). 우리는 결정적 집합 G에 속하지 않는 사람들의 선호에 대해서는 어떠한 조건도 부과하지 않는다[16](특히, 이들은 두 선택안 a와 b에 대해 마음대로 자신의 순위를 매길 수 있다). 그러나 우리는 집합 G에 속하는 모든 사람들은 선택안 x를 y보다 선호한다고 가정한다. 이러한 정보를 종합하면, 집합 G에 속하는 모든 사람들의 순위는 $a>x>y>b$(이는 이들이 선택안 a를 x보다 선호하고, x를 y보다 선호하고, y를 b보다 선호한다는 것을 의미함)와 같다. 이제 '파레토 공리'(Pareto axiom)에 의해 선

16 [역자주] 즉, 결정적 집합 G에 속하지 않는 사람들은 선택안 $\{a, b\}$에 대해 마음대로 자신의 선호를 매길 수 있다.

택안 a는 사회적으로 x보다 선호되고, 선택안 y는 사회적으로 b보다 선호된다. 다음으로, 두 선택안 $\{x, y\}$에 대한 집합 G의 '결정성 공리'에 의해 선택안 x는 사회적으로 y보다 선호된다. 셋째로, 이 두 가지 공리를 결합하여(즉, 선택안 a는 x보다 선호되고, x는 y보다 선호되고, y는 b보다 선호됨) 선호의 '이행성 조건'[17]을 이용하면 선택안 a가 사회적으로 b보다 선호되는 결과가 도출된다. 마지막으로, '무관한 선택안으로부터의 독립성 공리(IIA)'에 의해 두 선택안 $\{a, b\}$에 대한 사람들의 선호만이 고려되어야 한다(즉, 무관한 선택안인 $\{x, y\}$는 제외시켜야 한다). 그러나 '결정성 정리'에 의해 집합 G에 속해 있는 사람들의 선호만이 중요하다고 규정해 왔다(즉, 이들은 선택안 a를 b보다 선호한다). 집합 G에 속해 있지 않은 다른 모든 사람들은 선택안 a와 b에 대해 마음대로 순위를 정할 수 있다. 따라서 집합 G는 선택안 $\{x, y\}$뿐만 아니라 $\{a, b\}$에 대해서도 '결정적'이다. 이러한 추론은 $\{x, y\}$ 이외의 다른 모든 $\{a, b\}$에 대해서도 적용될 수 있다. 그러므로 집합 G는 이제 '전국적으로 결정적'(globally decisive)이다.[18]

2) 제2 보조정리: 결정적 집합들의 축소

두 번째 보조정리인 '결정적 집합의 축소 정리'는 다음과 같이 설명될 수 있다.

---

17 [역자주] 정확히 말하면, 이는 강선호(strict preference, 즉 선호가 ＞로만 표시되는)에 대한 이행성을 의미한다.

18 여기서 선택안 a, b, x, y는 모두 서로 다른 사회적 상태라고 가정함으로써 논의를 쉽게 할 수 있다. 만약 '네 개의 선택안 중에서 두 개의 선택안이 완전히 같다'(예를 들면, $a=x$, $b=y$)고 가정하면 네 개의 선택안은 이제 두 개의 선택안(예를 들면, $\{x, y\}$ 또는 $\{a, b\}$)과 같아진다.

[주장 2] 만약 사회적 선택 과정에서 결정적 역할을 하는 사람들로 구성된 집합 G(여기서 집합 G에는 한 사람 이상이 속해 있다고 가정함)가 '결정적'이라면 G를 축소한 집합(이를 G의 "진(眞)부분집합"(proper subset)이라 함)도 '결정적'이다. 이를 '결정적 집합들의 축소(contraction of decisive sets) 정리'라 한다.

[증명 2] 결정 집합 G를 두 개의 부분집합(즉, G_1과 G_2)으로 나누어 보자. 먼저, 부분집합 G_1에 속해 있는 모든 사람들은 선택안 x를 y보다 선호하고($x>y$), 선택안 x를 z보다 선호한다($x>z$)고 가정하자(그러나 선택안 y와 z의 순위는 규정되지 않음). 다음으로, G_2에 속해 있는 모든 사람들은 선택안 x를 y보다 선호하고($x>y$), 선택안 z를 y보다 선호한다($z>y$)고 가정하자. 그러나 집합 G에 속해 있지 않은 다른 모든 사람들은 어떠한 선호를 가질 수 있다(정확히 말하면, 집합 G에 속해 있지 않은 다른 모든 사람들의 선호는 사회적 선택 과정에서 중요하지 않다). 이제 집합 G의 결정성 정리에 의해 선택안 x는 사회적으로 y보다 선호된다(즉, $x>y$). 만약 두 선택안 $\{z, x\}$에 대해 선택안 z가 사회적으로 x보다 선호($z>x$)되거나 최소한 x만큼 선호($z\approx x$)된다면[19](이를 합쳐서 보통 $z\gtrsim x$라고 표시함) 선택안 z는 사회적으로 y보다 선호($z>y$)되어야 한다(왜냐하면 선택안 x가 사회적으로 y보다 선호($x>y$)되기 때문임). 가정에 의해 두 선택안 $\{z, y\}$의 경우 부분집합 G_2에 속해 있는 사람들을 제외한 다른 모든 사람들의 선호가 규정되지 않았고,[20] G_2에 속해 있는 사람들은 선택안 z를 y보다 선호하기($z>y$) 때문에 부분집합 G_2는 선택안 $\{z, y\}$에 대해 '결정적'이다. 따라서 '결정성의 확장 정리'에 의해

---

19 [역자주] 이에 대한 원문 표현은 "z is socially *at least as good as* x"이다.

20 '두 선택안 $\{z, y\}$에 대한 사람들의 선호가 규정되지 않은 것'은 앞에서 두 선택안 $\{z, x\}$의 개별 선호에 대해 가정한 것과 같아진다.

부분집합 G_2는 '전국적으로도 결정적'이다. 이제까지 우리는 G의 축소된 부분집합(즉, G_1과 G_2)이 '결정적'이라는 것을 증명하였다. 다음으로, 부분집합 G_1이 전국적으로 결정적이라는 것을 어떻게 증명할 것인가? 이를 위해 최초의 가정(즉, '선택안 z가 x보다 선호되거나 최소한 x만큼 선호된다')을 취소해야 한다. 그러나 선택안 x는 z보다 선호되어야 한다. 그러나 두 선택안 $\{x, z\}$의 경우 부분집합 G_1에 속해 있는 사람들을 제외한 다른 모든 사람들의 선호가 규정되지 않았고, G_1에 속해 있는 사람들은 선택안 x를 z보다 선호하기($x>z$) 때문에 부분집합 G_1은 분명히 선택안 $\{x, z\}$에 대해 '결정적'이다. 따라서 '결정성의 확장 정리'에 의해 G_1은 '전국적으로도 결정적'이다. 그러므로 G_1 또는 G_2가 '전국적으로 결정적'임을 알 수 있다. 이제까지의 증명을 '결정적 집합들의 축소 정리'라고 부른다.

이제 위에서 증명한 두 보조정리를 이용하여 애로우의 불가능성 정리를 증명해 보자.

3) 일반 가능성 정리에 대한 증명

이제 상기의 두 보조정리를 이용하여 '일반 가능성 정리'를 증명해 보기로 하자. 우선, '파레토 공리'에 의해 모든 사람들의 집합은 결정적이다. 다음으로, '결정적 집합들의 축소 정리'에 의해 모든 사람들의 부분집합(정확히 말하면, '진부분집합'임)도 결정적이어야 한다. 결정적 집합의 크기를 더 작게 한 후(즉, '결정적 집합의 축소'), 그 작아진(축소된) 집합의 부분집합도 결정적이어야 한다. 이와 같은 방식으로 결정적 집합의 크기를 점점 더 작게 한다. 사람들의 집합이 유한하기 때문에 궁극적으로 결정적인 역할을 하는 사람이 "한 사람"만 남게 될 것이다. 그러나 이러한 결과는 '비독재성 조건'을 위반하게 된다. 그 결과 '불가능성 정리'가 도출된다.

4. 애로우 정리의 몇 가지 특징

마지막으로, 애로우 결과의 몇 가지 특징들에 대해 언급하기로 한다. 첫째, 위에서 살펴보았듯이 무제한적인 선택 범위(U), 무관한 선택안들로부터의 독립성(IIA), 그리고 파레토 원칙(P) 등은 개별적으로는 큰 의미가 없지만 이들을 '결합'함으로써 '결정성의 확장 정리'와 '결정적 집합들의 축소 정리'가 도출될 수 있다. 따라서 여기서 얻는 첫 번째 교훈은 필요한 여러 공리들을 함께 고려하지 않으면 공리들이 가지는 타당성을 판단하기 어렵다는 점이다.

둘째, 애로우 정리에 대한 기본 공리들이 선택 가능한 사회적 상태들에 대한 '개인들의 선호'에 초점이 맞추어져 있다. 그러나 애로우 정리는 (1) 선택안들(alternatives)의 성질과 (2) 선택안들과 사회적 순위(R)를 결정하는 사람들과의 관련성에 대해서는 어떠한 공리들을 직접적으로 가정하지 않고 있다. 첫째, 선택안들의 성질에 대한 정보(공리)가 제외됨으로써 여러 공리들을 결합해야 한다. 예를 들면, 우리는 위에서 세 가지 공리들(즉, U, IIA, P 공리)을 결합함으로써 '결정성의 정리'가 도출됨을 보았다. 둘째, 선택안들과 이에 대한 사람들 간의 관련성이 제외됨으로써 서로 다른 사회적 상태들에 대한 사람들 간의 비교를 어렵게 한다. 이러한 이유로 이용 가능한 사회후생함수(SWF)가 특정 투표 규칙에 국한된다. 그러므로 이러한 의미에서 애로우의 결과를 단순히 '콩도르세의 역설을 모든 투표 규칙에 연장한 것'으로 간주하는 것은 잘못된 것이다. 왜냐하면 먼저 이용 가능한 사회후생함수를 투표 규칙으로 선택하고, 그런 다음에 이를 바탕으로 콩도르세의 역설을 일반화해야 하기 때문이다.

셋째, 애로우의 결과는 '사회적 선택'(social choice)의 추론 과정에도 쉽게 '확장'될 수 있다. 왜냐하면 사회적 선택은 사회적 관계(R)에 대한 논의 없이 특정한 선택안들로부터 어느 하나를 선택할 수 있게 해주기 때문이다. 이것을 연구 문헌에서는 소위 "사회선택함수"(social choice functions)라 부른다. 애로우 정리의 사회선택함수로의 확장이 가지는 장점은 사회선택함수에 대해 어떠한 '내적 일관성 조건들'(internal consistency conditions)을 부과하지 않는 점이다. 그러나 개인들의 선호와 사회선택함수 간의 관계에 대해서는 일관성 조건들을 여전히 부과하고 있다. 예를 들면, 파레토 원칙(P)을 사회선택함수에 적용하면 다음과 같다. 즉, 만약 모든 사람들이 선택안 x를 y보다 선호하고, x가 선택 가능하다면 선택안 y는 사회적으로 선택되지 않아야 한다. 따라서 애로우 정리는 내적 일관성 조건이 없이도 사회선택함수에 확장될 수 있다. 나는 이를 다른 논문에서 이미 증명한 바 있다[21](그러나 그 증명은 너무 복잡하여 여기에서는 생략하기로 한다).

넷째, 개인들의 선호(preference)는 단지 개인들의 순위(ranking)에 불과하다. 다시 말하면, 선호와 관련하여 '개인들 간의 비교'(interpersonal comparison)가 없다. 그러나 일단 개인들 간의 선호 비교가 가능하다면 여러 가지 실제적인 가

21 이에 대해서는 나의 계량경제학회(Econometric Society) 회장 취임 연설을 참고하기 바람(A. Sen(1993), "Internal Consistency of Choice," *Econometrica*, Vol. 61. 이 논문은 또한 *Rationality and Freedom*, 2002에 재수록되어 있음).

능성들이 발생한다. 개인들 간의 선호 비교는 후생경제학뿐만 아니라 후생경제학자들이 깊은 관심을 가지는 형평성(equity)과 총후생(aggregate welfare)의 판단에도 중요하다. 이를 위해 다음 한 가지 어려운 '제안'을 고려해 보자. 즉, 가장 가난한 사람들로부터 일정 소득을 빼앗아 다른 사람들에게 나누어 주는 경우를 고려해 보자. 이기적인 사람들로 구성된 어떤 사회에서 이 '불쾌한' 제안은 대다수의 사람들에게 개선(improvement)을 가져다줄 것이다. 따라서 이 문제는 다수결 원칙이나 다른 투표 규칙을 적용해도 일관성 문제가 발생하지 않을 것이다. 그러나 이러한 추론은 '잘못된' 것이다. 왜냐하면 우리는 단지 개인들의 선호 순위에만 관심을 가지고 있으며, 또한 세 가지 공리들(즉, U, IIA, P 공리)을 결합하여 '결정성 확장 정리'를 도출하였기 때문이다. 이것은 많은 후생경제학적 관심들에 대해 '잘못된' 정보적 기초(informational base)를 제공해 준다. 또한 이것은 아마 다수결 원칙을 모순적으로 만들 수도 있다.

다섯째, 후생경제학의 관점에서 애로우의 정리를 다루는 방법은 '개인들 간의 선호 비교를 이용하여' 판단을 내리는 것이다. 실제로 모든 공공정책들은 이런저런 방식으로 개인들 간의 선호를 비교하는 경향이 있다. 그러나 정치적 입장을 바탕으로 후보자를 선출하는 투표 과정의 경우 개인들 간의 선호 비교가 쉽지 않을 때가 있다. 따라서 정치적 과정(선거)과 투표이론의 경우 우리는 다른 방식으로 생각해야 한다. 다행하게도 매스킨(E. Maskin)은 본서의 제4장에서 이 문제를 다루고 있다.[22]

마지막으로, 심지어 정치적 과정의 경우에도 한 가지 중요한 문제가 있다.

22 이에 대해서는 Eric Maskin, "The Arrow Impossibility Theorem: Where Do We Go from Here?" (본서의 제4장)를 참고하기 바람.

이 문제는 개인들 간의 비교를 허용하지 않을 뿐만 아니라, 또한 애로우의 공리들로서도 충분하지 못하다. 이 문제는 바로 '자유'(liberty)와 '권리'(rights)에 관한 문제이다. 만약 개인의 자유와 소수자들의 권리를 보호하는 데 밀(J. S. Mill)의 견해를 따른다면 우리는 다음 두 가지 요인들에 너무 영향을 받아서는 안 된다. 첫째, 얼마나 많은 사람들이 자신의 생활 방식을 스스로 선택할 수 있는 소수자들을 반대하는가? 둘째, 얼마나 많은 사람들은 개인의 자유 행사를 막으려 하는가? 이 두 가지 요인들은 중요하지 않다. 자유의 중요성은 수많은 "참견하기 좋아하는 사람들"의 반대에 '대항'하는 것이다. 다시 말하면, 자유의 중요성은 참견하기 좋아하는 사람들의 반대에 대항하거나 그를 수용하는 것이다. 개인의 자유를 수용하지 않는 것은 다수결 원칙이 가지는 정치적 한계이다. 불행히도 이 문제는 애로우의 공리들에서도 다루어지지 않고 있다.

이제까지 언급한 모든 이러한 문제들과 다른 더 많은 문제들은 우리가 애로우의 선구적인 정리를 따를 때 발생한다. 특히, 애로우는 자신이 제시한 공리들이 개별적으로는 타당하지만 "공리들을 결합할 때 심각한 문제들(즉, 불가능성 정리)이 발생할 수 있음"을 증명해 보였다. 주지하듯이 애로우의 이러한 기여는 사회적 선택이론에서 마치 '게임을 바꾸는'(game changing) 것과 같이 놀라운 것이었으며, 여러 학문 분야들에 커다란 영향을 미치게 되었다. 마지막으로, 애로우가 사회적 선택이론에 대한 지적 세계를 획기적으로 변화시켰을 때 그가 '대학원 학생'이었다는 게 도저히 믿기지 않는다!

제4장 애로우의 불가능성 정리: 장차 어디로 갈 것인가? – 투표와 선거의 관점에서

매스킨(Eric Maskin)

1. 서론

2. 불가능성 정리와 투표 규칙: 최다득표제 대 다수결 원칙

3. 다수결 원칙과 우월정리

4. 전략적 투표와 전략방지 공리

제4장 애로우의 불가능성 정리: 장차 어디로 갈 것인가?[1)2)] - 투표와 선거의 관점에서

1. 서론

케네스 애로우(Kenneth Arrow) 교수님을 기념하여 강연하는 일은 경제학자라면 누구나 영광스러운 일일 것입니다. 그러나 나는 이번의 「제2회 애로우 기념 강연」(Arrow Lecture)이 나에게 특별한 기쁨을 주는 두 가지 다른 이유가 있습니다.

첫째, 애로우 교수님은 나의 스승이요, 박사 학위 논문 지도교수였습니다. 무엇보다도 그가 없었다면 나는 결코 경제학자가 되지 못했을 것입니다. 나는 대학에서 수학을 전공하고 있었고, 진로를 그쪽으로 계속하려고 했습니다. 그러나 우연히 애로우 교수님의 강의를 들은 후 내 진로가 경제학으로 바뀌게 되었습니다. 처음에 나는 애로우 교수님의 '사회선택이론'(social choice theory)이

---

1 나는 본 강연의 구두 발표에 대해 유익한 논평을 해준 센(A. Sen) 교수와 스티글리츠(J. Stiglitz) 교수께서 감사를 드린다. 또한 본 연구를 재정적으로 지원해 준 미국과학재단(NSF)에 대해서도 감사를 드린다.

2 [역자주] 애로우의 정리(Arrow's theorem)가 어떤 경우에는 '가능성 정리'라고 불리고, 다른 경우에는 '불가능성 정리'라고 불리고 있다. 그 이유는 무엇인가? 애로우가 제시한 네 가지 공리가 모두 충족되면 이론적으로 가능하다고 해서 '가능성 정리'(possibility theorem)라고 불린다. 그러나 네 가지 공리를 동시에 충족시키는 것이 사실상 불가능하기 때문에 '불가능성 정리'(impossibility theorem)라고 불린다.

아닌 "정보경제학"(information economics) 과목을 수강하게 되었습니다. 애로우 교수님의 정보경제학 강의는 한마디로 뒤죽박죽이었습니다. 당시 애로우 교수님은 자신이 이야기하고 싶은 것을 이것저것 아무렇게나 말하는 것 같았습니다. 내 눈에는 마치 강의실로 오면서 그날 강의 내용을 결정하는 것처럼 보였습니다. 그의 강의들은 즉흥적인 것처럼 보였지만 놀라울 정도로 나를 매료시켰다고 생각됩니다. 순전히 그 강의 때문에 나는 경제학으로 전공을 바꾸게 되었습니다.

둘째, 오늘 센(Amartya Sen) 교수와 함께 강연하는 것은 나에게 그와의 많은 행복했던 추억들을 다시 생각나게 해주기 때문에 이 강연이 나에게는 특별하게 여겨집니다. 왜냐하면 센 교수와 나는 본서의 주제인 '사회선택이론'을 하버드 대학교 대학원 강좌에서 여러 차례 함께 강의한 적이 있기 때문입니다. 오늘 여기서 과거에 맺은 우리의 '교육학적 파트너십'을 다시 재개하는 것이 무척 즐겁고 영광스럽습니다.

센 교수처럼 나의 에세이(essay)도 '애로우의 불가능성 정리'(Arrow impossibility theorem)에 관한 것이지만, 무엇보다도 나는 애로우의 불가능성 정리가 '투표(voting)와 선거(election) 결과에 미치는 영향'에 초점을 맞출 것입니다. 다시 말하면, 나는 애로우의 불가능성 정리가 사회후생(social welfare)에 미치는 광범위한 영향에 대해서는 다루지 않을 것입니다.

그 이름에서 알 수 있듯이 '불가능성 정리'는 약간의 비관주의 색채를 띠고 있습니다. 만약 어떤 것이 "불가능하다면"(impossible) 이는 그 일을 하기가 매우 어렵다는 것을 의미합니다. 불가능성 정리를 투표에 적용해 보면, 이는 '좋은(바람직한) 선거 방식(good election method)이 없다'는 것을 의미합니다. 그러나 나는 여기서 이것이 너무 강한 결론이라는 점을 설명하고자 합니다. 왜냐하면 이 결론이 너무 부정적이기 때문입니다. 그러나 내가 이에 대해 여러분들(강연에 참가한 사람들)을 설득시킬 수 있을지 모르지만, 나는 불가능성 정리가 하나의 '자연적인 질문'을 제기한다고 생각합니다. 그러나 이상하게도 이 질문은 아주 최근까지 한 번도 제기된 적이 없습니다. 여기서 나는 이 질문에 대해 '논의'할 것이며, 본 에세이의 결말에 그 '대답'을 제시하고자 합니다.

2. 불가능성 정리와 투표 규칙: 최다득표제 대 다수결 원칙

우선, 선거의 관점에서 불가능성 정리를 간단히 검토하고자 한다. 만약 선거를 통해 선출해야 할 정치적 자리(political office, 공직)가 있다면 어떤 투표 규칙(voting rule)을 통해 일단의 후보자들(이를 '입후보자들'이라 부른다)로부터 유권자들의 순위를 바탕으로 한 사람의 승자(당선자)를 선출할 것이다.

이론과 실제에서 많은 다양한 투표 규칙들이 고려되어 왔다. 아마 미국에서 가장 폭넓게 사용되는 투표 방식은 '최다득표제'(plurality rule)일 것이다. '최다득표제'에 따르면 다른 후보자들에 비해 유권자들부터 더 많은 표를 획득한 후보자가 승자가 된다.[3] 다시 말하면, 유권자들이 더 많이 선호하는 후보자

---

3 여기서 나는 어느 한 투표자의 후보자들에 대한 '"표현된" 순위'(expressed ranking)와 그의 '"실제" 순위'(actual ranking)를 구분하지 않을 것이다. 다시 말하면, '투표자들은 "진실되게"(sincerely, 또는 일관되게) 투표한다'고 가정한다. 즉, 만약 어느 한 투표자가 '후보자 *X*를 자신이 가장 좋아하는 후보자'라고 "말한다면" 후보자 *X*는 "정말로" 자신이 좋아하는 후보자이다. 그러나 투표자들은 자신의 "실제" 순위와 다르게 투표할지도 모른다. 즉, 투표자들은 "전략적으로"(strategically) 투표할 수 있다. 이러한 '전략적 투표'의 가능성은 흥미로울 뿐만 아니라 현

〈표 1〉 후보자 *X* = 최다득표 원칙(plurality rule)에 의한 당선자

유권자들의 득표율	40%	35%	25%
가장 좋아하는 후보자	*X*	*Y*	*Z*

(favorite candidate, 즉 유권자들이 더 많이 1위라고 투표한 후보자)가 당선된다. 이를 예로 들어 설명해 보자. 어느 선거에서 *X*, *Y*, *Z*라는 세 명의 후보자가 있다고 가정해 보자. 투표 결과 40%의 유권자들은 *X*후보자를 가장 좋아하고(즉, 40%의 유권자들이 *X*후보자를 1위로 투표함), 35%의 유권자들은 *Y*후보자를 가장 좋아하고, 마지막으로 25%의 유권자들이 *Z*후보자를 가장 좋아하는 것으로 나타났다고 가정하자(〈표 1〉 참조). 이 경우 *X*후보자가 유권자들로부터 최다득표를 했기 때문에 당선자가 된다. 왜냐하면 40%의 득표는 35%와 25%에 비해 더 많기 때문이다. 그러나 40% 득표는 최다득표(plurality)이지만 과반수(majority)에 미달하고 있다. 최다득표제는 미국의 경우 상원의원과 하원의원을 뽑는 데 사용되며, 영국의 경우 하원의원을 뽑는 데 사용되는 방식이다. 영국의 경우 최다득표제를 "비교 다수 득표제"(first-past-the-post, 다른 후보자와 비교하여 득표수가 많은 후보자를 당선자로 하는 선거제도)라고 부른다.

또 다른 유명한 투표 방식은 '단순 다수결 원칙'(simple majority rule)이다.[4)] 18세기 프랑스 수학자이자 철학자였던 콩도르세(Condorcet)는 '단순 다수결 원칙'

실적으로 존재할 수 있다. 나는 이 문제에 대해 본 강연의 말미에 간단히 언급할 것이다(특히, 본장의 주 24를 참고하기 바람).

4 물론 다수결 원칙(majority rule)의 경우 다양한 유형들이 존재한다. 그러나 나는 여기서 '콩도르세의 다수결 규칙'만 고려할 것이다. 따라서 이하에서는 '단순 다수결 원칙'에서 "단순"(simple)이라는 단어를 생략할 것이다. 즉, 이하에서는 '단순 다수결 규칙'을 간단히 "다수결 규칙"이라고 표기하기로 한다.

〈표 2〉 후보자 Y = 다수결 원칙*(majority rule)에 의한 당선자 (후보자 X = 최다득표 원칙에 의한 당선자임)

유권자 선호 순위 \ 지지율	40%	35%	25%
첫 번째로 선호(가장 선호)	X	Y	Z
두 번째로 선호(중간 선호)	Y	Z	Y
세 번째로 선호(가장 덜 선호)	Z	X	X

주: *원문에서는 'plurality'(최다득표)라고 표기되어 있으나 이는 저자의 오류임.

을 최초로 자세히 분석하였다.[5][6] 다수결 원칙 하에서 당선자(승자)는 다른 후보자(들)에 비해 과반수의 투표자들에 의해 선호되는(즉, 과반수를 얻는) 후보자가 된다. 예를 들면, X, Y, Z라는 세 명의 후보자가 있다고 가정해 보자. 우선, 40%(또는 100명 중 40명)의 투표자들은 후보자 X를 가장 선호하고(즉, 후보자 X를 첫 번째로 선호하고), 그 다음으로 후보자 Y를 선호하고, 마지막으로 후보자 Z를 가장 덜 선호한다고 가정하자. 다음으로, 35%(또는 100명 중 35명)의 투표자들은 후보자 Y를 가장 선호하고, 그 다음으로 후보자 Z를 선호하고, 마지막으로 후보자 X를 가장 덜 선호한다고 가정하자. 마지막으로, 25%(또는 100명 중 25명)의 투표자들은 후보자 Z를 가장 선호하고, 그 다음으로 후보자 Y를 선호하고, 마지막으로 후보자 X를 가장 덜 선호한다고 가정하자(〈표 2〉 참조). 투표자들의 이러한 순위를 바탕으로 '다수결 원칙'에 의한 당선자는 후보자 Y가 된다. 왜냐하면 (후보자 X와 Y를 비교해 보면) 과반수의 투표자들은 후보자 X보다 Y를 선호하며(즉, 35%+25%=60%의 투표자들이 후보자 X보다 Y를 선호함), 그리고(후보자 Y와

5 이에 대해서는 M. J. Condorcet(1785), *Essai sur l'application de l'analyse a la pluralite des voix*, Imprimerie Royale, 1785를 참고하기 바람.

6 [역자주] 상기 각주 4에 의거하여 이하에서는 '단순 다수결 원칙'을 간단히 '다수결 원칙'이라고 표기한다.

*Z*를 비교해 보면) 과반수의 투표자들은 후보자 *Z*보다 *Y*를 선호하기(즉, 40%+35%=75%의 투표자들이 후보자 *Z*보다 *Y*를 선호함) 때문이다. 이러한 경우에 우리가 알고 있는 '콩도르세 역설'(Condorcet paradox, 또는 '투표 역설')은 발생하지 않는다.

여기서 최다득표제와 다수결 원칙이 서로 다른 투표 결과를 가져다주고 있음을 알 수 있다. 〈표 2〉가 보여 주는 투표자 순위에 따르면 최다득표제 하에서는 후보자 *X*가 당선되지만, 다수결 원칙 하에서는 후보자 *Y*가 당선된다. 이러한 차이는 즉각적으로 다음 질문을 제기한다. 즉, 어느 투표 결과가 "옳은가"? 또는 이를 달리 표현하면, 어느 투표 규칙이 "더 나은가"? 그러나 투표 규칙으로 최다득표제와 다수결 원칙만 있는 게 아니다. 따라서 최다득표제와 다수결 원칙만 고려할 이유가 없다. 왜냐하면 모든 적용 가능한 투표 규칙들 중에서 어느 규칙이 가장 좋은지를 물어 보아야 하기 때문이다.

애로우는 이러한 질문들에 대답하기 위한 하나의 분석 틀(framework)을 제공해 주었다. 애로우는 하나의 투표 규칙이 갖추어야 할 조건들을 분명히 나열하고, 그것의 충족 여부를 따져 보기를 제안하였다. 다시 말하면, 애로우는 하나의 투표 규칙이 갖추어야 할 바람직한 특성들(이를 '공리'(axiom)라 함)을 제시하고, 그 충족 여부를 따져 보기를 제안하였다. 그러면 '최상의 투표 규칙'(best voting rule)은 그러한 모든 공리들을 충족시키는 규칙일 것이다.

애로우가 제안한 네 가지 공리들은 다음과 같다. 아래에서 구체적으로 살펴보겠지만, 각 공리는 개별적으로는 매우 타당하지만 집단적(전체적)으로는 일관되지 못하고 불가능성을 초래한다. 나는 본 에세이에서 특히 '선거'에 초점을 맞추고 있기 때문에 선거경쟁에 적합하도록 공리들을 재구성할 것이다.

첫 번째 공리는 '하나의 선거는 반드시 "결정적"(decisive)이어야 한다'('결정성 공리')[7]는 조건이다. 이는 투표자들의 순위가 어떻게 나오든지 간에 항상 한 명의 당선자(winner)가 있어야만 하며, 한 명 이상의 당선자가 있어서는 안 된다는 것을 의미한다.[8]

두 번째 공리는 '파레토 원칙'(Pareto principle) 또는 '일치 원칙'(consensus principle)이다(두 번째 공리의 경우 경제학자들은 '파레토 원칙'이라고 부르고, 정치이론가들은 '일치 원칙'이라고 부른다). 이는 '모든' 투표자들이 후보자 *Y*보다 *X*를 선호하고, 후보자 *X*가 후보자 명단(투표용지)에 들어 있다면(그래서 후보자 *X*가 실제적인 후보자라면) 우리는 최종적으로 후보자 *Y*를 선출해서는 안 된다. 다시 말하면, '모든' 투표자들이 후보자 *Y*보다 *X*를 선호한다면 최종적으로 후보자 *X*가 선출되어야 한다.

세 번째 공리는 '비독재성(nondictatorship) 조건'이다.[9] 즉, 어느 한 투표자가 마음대로 자신의 선호를 행사할 힘을 가져서는 안 된다. 다시 말하면, 어느 한 투표자가 후보자 *X*를 가장 선호한다면 (다른 투표자들의 후보자 *X*에 대한 선호와 관계없이) 그가 최종적으로 선출되어서는 안 될 것이다. 만약 어느 한 투표자가

---

7 [역자주] 여기서 '선거가 결정적'이라는 말은 '선거는 반드시 결과가 있어야 한다'는 것을 의미한다. 선거의 본질은 선택 또는 결과에 도달하는 데 있기 때문에 결과가 없는 선거는 아무런 의미가 없다.

8 그러나 애로우는 자신의 분석 틀에서 '결정성'(decisiveness)을 "이행성"(transitivity)으로 형식화하였다. 주지하다시피 '이행성'은 다음을 의미한다. 즉, 후보자들에 대한 투표자들의 순위(ranking)가 주어져 있다고 가정하고, (1) 후보자 *X*와 *Y*를 비교하는 경우 후보자 *X*가 당선되고, (2) 후보자 *Y*와 *Z*를 비교하는 경우 후보자 *Y*가 당선된다면, (3) 후보자 *Z*와 *X*의 경우 반드시 '후보자 *X*'가 최종적으로 당선되어야 한다. 따라서 이러한 이행성 조건이 충족되면 후보자 *X*가 한 명의 최종 당선자로 '결정'된다. 그러나 만약 이행성 조건이 충족되지 않으면, 즉 후보자 *Z*와 *X*의 경우 '후보자 *X*'가 아니라 후보자 *Z*가 당선된다면, 어느 누구도 최종적으로 당선(또는 결정)되지 '못할' 것이다. 이는 곧 '결정성 조건의 실패'(a failure of decisiveness)를 의미한다.

9 [역자주] 즉, 후보자 선출 과정에 독재자가 없어야 한다.

투표 결과를 결정한다면 그 투표자는 '독재자'(dictator)가 될 것이다. 따라서 독재자의 선호가 최종 투표 결과에 영향을 주어서는 안 된다.

애로우의 네 번째 마지막 공리는 '무관한 선택 대안들로부터의 독립성'(Independence of Irrelevant Alternatives)이다. 선거의 관점에서 이 공리는 "무관한 후보자들로부터의 독립성"(independence of irrelevant candidates)이라고 명명할 수 있다. 먼저, 어떤 선거에서 투표 규칙과 투표자들의 순위가 주어져 있고, 후보자 *X*가 최종 당선자라고 가정해 보자. 다음으로, 다른 상황을 고려해 보자. 이 상황은 예를 들어 세 명의 후보자들 중에서 후보자 *Y*가 입후보자 명단에 없는 것을 제외하고는 앞의 경우와 동일하다고 가정하자. 이 경우 후보자 *Y*는 어떤 의미에서 선거와 "무관하다"고 할 수 있다. 왜냐하면 후보자 *Y*가 최종 당선자로 선출되지 못하여 그를 입후보자 명단에서 제외한다고 해서 선거 결과에 아무런 차이가 발생하지 않기 때문이다. 따라서 '독립성 공리'는 이러한 상황에서도 '후보자 *X*가 여전히 최종 당선자가 되어야 함'을 요구한다.[10)]

나는 이러한 독립성 공리가 매우 타당하다고 생각하지만, 아마 '실제' 정치사에서 그 정당성을 가장 생생하게 찾아볼 수 있을 것이다. 예를 들어, 2000년 미 대통령 선거를 회상해 보자. 여기에 오신(강연에 참가하신) 여러분들은 2000년 미 대통령 선거에서 모든 것이 플로리다(Florida) 주(州)에 달려 있었다고 생각할 것이다. 만약 조지 W. 부시(George W. Bush) 후보가 플로리다 주에서 승리한다면 부시가 대통령이 되고, 엘 고어(Al Gore) 후보가 플로리다 주에서 승

10 '무관한 선택 대안들로부터의 독립성'이라는 이름과 관련하여 두 개의 밀접히 관련된 조건들이 있다. 즉, '애로우의 공리'와 '내쉬(J. Nash)의 조건'이 있다. 내쉬 조건은 J. Nash("The Bargaining Problem," *Econometrica*, Vol. 18(2), 1950, pp. 155~162)에 의해 형식화되었다. 여기서 나는 '내쉬의 조건'을 사용하기로 한다. 왜냐하면 '내쉬의 조건'이 애로우의 공리보다 내 논문의 목적에 더 부합하기 때문이다.

리한다면 고어가 대통령이 될 것이다. 미국의 대부분의 다른 주들[11]에서처럼 플로리다 주도 최다득표제를 사용하여 당선자를 결정한다. 이 결과로 부시는 매우 근소한 표 차이로 플로리다 주에서 승리를 거두게 되었다. 즉, 부시는 플로리다 주에서 고어보다 단지 600표 미만의 표를 더 얻게 되었다. 이것은 플로리다 주에서 투표에 참가한 약 600만 명의 투표자들에 비추어 볼 때 매우 적은 표 차이였지만 이는 플로리다에서 부시 후보에게 최다득표를 가져다주었고, 이로 인해 부시는 마침내 미 대통령으로 당선되었다. 이제 여러분들은 집계(集計) 그 자체의 정확성(예를 들면, 투표용지의 천공 부스러기[12] 처리 문제)은 그만두고라도 '이 선거 결과에 무엇이 잘못되었는지'를 물어보는 게 마땅할 것이다. 그러나 이 질문에 대한 대답은 플로리다 주에서 제3의 후보자인 랠프 네이더(Ralph Nader)의 출마에 의해 더욱 복잡해진다. 투표 결과 거의 10만 명의 플로리다 투표자들이 네이더에 찬성 투표한 것으로 드러났다. 만약 네이더가 입후보자 명단에 없었다면 이들 중 대부분은 고어 후보에게 표를 던졌을 것이다(물론 이들 중 일부 투표자들은 고어 후보에게 투표하지 않았을 것이다). 이는 네이더가 플로리다 주에서 대통령에 출마하지 않았다면 고어가 대통령으로 당선되었을 뿐만 아니라 아주 쉽게 승리했을 것이라는 것을 의미한다.

정치적 은어로 말하면 네이더는 선거 훼방꾼(spoiler; '방해 입후보자')이었다. 네이더는 플로리다 주에서 2% 미만의 표를 얻어서 도저히 당선될 가망이 없

---

11 사실상 현재의 경우 메인(Maine) 주와 네브래스카(Nebraska) 주를 제외하고 미국의 모든 주들에서 '최다득표제' 방식을 사용하고 있다.

12 [역자주] 투표용지의 천공 부스러기(hanging chad)는 완전히 구멍이 뚫어지지 않은 투표용지를 말한다. 기표할 때 힘없이 기계를 누르면 투표용지에서 4각형 모양의 종이가 완전히 떨어져 나가지 않고 매달려 있게 되는데, 이것을 '천공 부스러기'라고 한다. 이것을 무효로 처리하느냐가 2000년 미 대통령 선거 때 플로리다 주에서 말썽이 된 적이 있었다.

었다는 의미에서 그는 선거와 '"무관한"(irrelevant) 후보자' 였다. 그러나 네이더는 선거 결과를 결정짓는 역할을 하게 되었다. 이는 매우 비민주적인 일인 것 같다.[13)]

'독립성 공리'는 네이더와 같은 선거 훼방꾼들을 없애 주는 역할을 한다. 그러나 최다득표제가 선거 훼방꾼들에 매우 취약하다. 그래서 '최다득표제는 독립성 공리를 위반한다'고 결론지을 수 있다. 반면에 다수결 원칙은 독립성 공리를 쉽게 충족시킬 수 있다. 즉, 만약 후보자 *X*가 다른 후보자들을 각각 과반수로 물리치고 최종 당선된다면 다른 후보자들 중 어느 한 후보자가 입후보자 명단에서 제외되더라도 후보자 *X*는 계속해서 최종 당선될 것이다. 이는 다수결 규칙 하에서 독립성 공리가 충족되고 있음을 의미한다.

그러나 불행히도 다수결 원칙은 위에서 설명한 첫 번째 공리인 '결정성 공리'를 위반한다. 즉, 다수결 원칙은 항상 한 명의 확실한 당선자를 가져다주지 않을 수 있다(이러한 결과는 콩도르세가 이미 오래 전에 논의한 문제이다). 그러한 결과를 살펴보기 위하여 세 명 후보자(*X*, *Y*, *Z*)가 입후보한 선거를 고려해 보자. 먼저, 35%의 투표자들은 후보자 *X*를 첫 번째로(가장) 선호하고, 후보자 *Y*를 두 번째로 선호하고, 후보자 *Z*를 세 번째로 선호한다고 가정하자. 다음으로, 33%의 투표자들은 후보자 *Y*를 첫 번째로(가장) 선호하고, 후보자 *Z*를 두 번째로 선호하고, 후보자 *X*를 세 번째로 선호한다고 가정하자. 마지막으로, 32%의 투표자들은 후보자 *Z*를 첫 번째로(가장) 선호하고, 후보자 *X*를 두 번째로 선호하

13 나는 여기서 '2000년 미 대통령 선거'를 예로 들었다. 그러나 이와 동일한 문제가 미국 대통령 선거 역사상 여러 번 발생하였다. 예를 들면, 1992년 미 대통령 선거에서 로스 페로(Ross Perot) 후보는 조지 H. W. 부시(George H. W. Bush) 후보의 '선거 훼방꾼'으로서 부시 후보의 당선을 방해하며, 궁극적으로 빌 클린턴(Bill Clinton) 후보가 당선되도록 했다.

〈표 3〉 콩도르세 역설의 경우: 다수결 원칙에 의해서는 한 명의 당선자가 나타나지 못함

유권자 선호 순위 \ 지지율	35%	33%	32%
첫 번째로 선호(가장 선호)	*X*	*Y*	*Z*
두 번째로 선호(중간 선호)	*Y*	*Z*	*X*
세 번째로 선호(가장 덜 선호)	*Z*	*X*	*Y*

〈표 4〉 최다득표제와 다수결 원칙의 비교

	최다득표제	다수결 원칙
독립성 공리	*위반*	충족
결정성 공리	충족	*위반*
전략방지 공리	–	충족

주: 역자가 만든 표임.

고, 후보자 *Y*를 세 번째로 선호한다고 가정해 보자(〈표 3〉 참조).

〈표 3〉에서 (후보자 *Y*와 *Z*를 비교해 보면) 후보자 *Y*는 *Z*를 과반수로(*Y*=35%+33%=68% 대 *Z*=32%) 물리치고, (후보자 *X*와 *Y*를 비교해 보면) 후보자 *X*는 *Y*를 과반수로(*X*=35%+32%=67% 대 *Y*=33%) 물리치고 있지만, 마지막으로 (후보자 *Z*와 *X*를 비교해 보면) 후보자 *Z*는 *X*를 과반수로(*Z*=33%+32%=65% 대 *X*=35%) 물리치고 있음을 볼 수 있다. 따라서 어느 한 후보자도 다른 두 후보자 모두를 물리치지 못하고 있다. 예를 들면, 후보자 *X*는 *Y*를 과반수로 이기지만 *Z*를 과반수로 이기지 못하고 있다. 또한 후보자 *Y*와 *Z*의 경우에도 마찬가지이다. 이러한 현상을 '콩도르세 역설'(Condorcet paradox)이라고 부른다.

흥미로운 사실은 애로우가 사회선택이론을 연구하기 시작했을 당시에는

'콩도르세 역설'에 대해 전혀 알지 못했다는 점이다. 애로우는 기업들이 어떻게 선택하는지를 연구하면서 이 역설을 '재발견'하였다. 대부분의 경제학 교과서들을 보면 '기업들은 자신의 이윤을 극대화하기 위하여 생산계획(생산량)을 선택한다'고 기술되어 있다. 그러나 실제적으로 하나의 기업은 단일 의사결정체가 아니다. 일반적으로 한 기업은 일단의 주주들에 의해 소유되기 때문이다. 비록 모든 주주들이 이윤을 극대화하기를 원할지라도 각 주주들은 기업의 생산계획에 대해 다른 의견들을 가지고 있을 수 있다. 따라서 주주들에게도 실제적인 생산계획을 결정하기 위한 '선택 방식'(choice method, 또는 결정 방식)이 필요하다. 이러한 '주주들의 생산계획 선택 방식'은 '투표 규칙'과 같은 역할을 한다.

애로우의 최초의 생각은 그러한 선택 방식으로서 '다수결 원칙'을 살펴보는 것이었다. 그러나 애로우는 곧 '콩도르세 역설'을 발견(사실은 '재발견'임)하게 되었다.[14] 이로 인해 애로우는 다수결 원칙이 이미 오래 전부터 존재해 왔다는 사실을 알게 되었고, 자신의 '발견'이 전혀 새로운 것이 아니라고 생각하였다. 실제로 애로우는 '콩도르세 역설'을 서술할 때 이를 '"이미 잘 알려진" 투표의 역설'(paradox of voting)이라고 표현하였다. 애로우의 논문이 발표된 이후에야 비로소 독자들은 '콩도르세 역설'을 알게 되었다.

비록 다수결 원칙이 '결정성 공리'를 위반하고, 최다득표제가 '독립성 공리'를 위반할지라도 애로우는 자신이 주장한 네 가지 공리들(즉, 결정성, 일치성, 비독재성, 독립성)을 모두 충족시키는 다른 투표 규칙들이 있을 것이라고 확실히

---

14 [역자주] 정확히 말하면, 애로우는 '다수결 원칙'을 살펴보는 과정에서 '콩도르세 역설 문제'에 직면하게 되었다.

생각한 것 같다. 그러나 여러 가지 투표 규칙들에 대해 자신의 공리를 적용해 본 후 애로우는 마침내 '자신의 네 가지 공리들이 집합적으로 모순된다(collectively contradictory)'는 사실을 알게 되었다. 이로써 "불가능성 정리"가 탄생하게 되었다. 애로우는 "자신이 주장한 네 가지 공리들을 모두 동시에 충족시키는 투표 규칙이 존재하지 않는다"(there is no voting rule that satisfies all four axioms)는 것을 보여 주었다.[15)]

마지막으로, '비독재성 공리'는 충족시키기가 매우 쉬운 조건이다. 예를 들면, 만약 전체 투표자들 중에서 한 사람('독재성')이 아닌 두 사람('비독재성')이 당선자를 결정하는 데 전권(全權)을 가지고 있다면, 그 결과 비독재성이 형식적으로 충족된다고 하더라도, 우리는 아마 그러한 투표 규칙에 매우 불만을 가질 것이다. 일반적으로 민주사회는 '투표자들의 동등한 대우'(equal treatment of voters)라는 좀 더 강한 조건을 요구한다. 즉, 민주주의 사회에서 모든 투표자들은 '똑같은 영향력'을 가지고 동등하게 취급되어야만 한다. 투표자들의 동등한 대우는 투표이론에서 '익명성'(匿名性, anonymity)이라고 불린다. 이는 글자 그대로 투표자들의 이름(name)은 중요하지 않고, 그들이 던지는 투표(vote)만 중요하다는 것을 의미한다. 또한 투표자들을 동등하게 취급해야만 하는 것과 마찬가지로 후보자들도 동등하게 취급되어야만 한다. 따라서 우리는 민주주의 사회에서 '후보자들의 동등한 대우'(equal treatment of candidates)도 필요로 한다. 후보자들의 동등한 대우를 투표이론 문헌에서는 '중립성'(neutrality)이라고

15 실제로 애로우는 그의 다섯 번째 공리인 "무제한적인 선호 범위"(unrestricted domain of preferences)도 가정하였다. 이 공리는 '투표자들의 선호가 어떠하든지 간에 투표 규칙은 그들의 선호를 반영해야만 한다'는 것을 의미한다. 그러나 나는 다른 공리들을 형식화할 때 이 공리를 암묵적으로 가정하였다.

부른다. 그러나 애로우는 네 가지 공리들 – 즉, 결정성, 일치성, 비독재성, 독립성 – 로부터 '불가능성 정리'의 존재를 보여 주었기 때문에 우리는 충족시키기 더욱 어려운 다섯 가지 공리들 – 즉, (1) 결정성, (2) 일치성, (3) 독립성, (4) 투표자들의 동등한 대우(익명성), (5) 후보자들의 동등한 대우(중립성) – 을 요구한다면 증명 과정이 없이도 '불가능성 정리'가 더욱 쉽게 도출됨을 알 수 있을 것이다.

이러한 다섯 가지 공리 각각이 개별적으로 매우 강한 조건들이기 때문에 이제까지 불가능성 정리는 '비관'의 원천이 되어 왔다. 그러나 내가 서두에서도 말했듯이 불가능성 정리는 '부정적인' 측면을 너무 과장해 온 느낌이 있다. 특히, 불가능성 정리는 투표자들의 순위(ranking)가 무엇이든지에 간에(이는 '무제한적인 순위 범위'(unrestricted domain of rankings)라는 공리[16]를 충족시키는 데 필요함) 하나의 투표 규칙(a voting rule)은 다섯 가지 공리를 모두 충족시켜야만 한다. 그러나 실제로 투표자들이 가지는 어떤 순위들은 거의 발생하지 않을 것이다(이는 투표자들의 무제한적인 순위 범위라는 공리가 '실제로' 충족되지 못함을 의미한다). 만약 이것이 사실이라면 하나의 투표 규칙이 다섯 가지 모든 공리를 충족시키지 못한다고 하더라도 너무 걱정할 필요가 없을 것이다.

이러한 경우를 살펴보기 위해 2000년 미국 대통령 선거 결과로 되돌아가 보기로 하자. 당시 미 대통령 선거에 출마한 주요 후보자들로 부시(Bush), 고어(Gore), 네이더(Nader)가 있었다. 다음 두 가지 경우를 살펴보자. 우선, 많은 투표자들은 부시 후보를 제1위로 선택하였다. 그러나 선거 결과 자료에 따르면 신기하게도 부시 후보에게 표를 던진 투표자들 중 어느 누구도 네이더 후보를

16 [역자주] 즉, 이는 '무제한적인 선호 범위' 공리를 선거에 적용한 것이다.

제2위로 선택하지 않았다. 다음으로, 적지 않은 투표자들은 네이더 후보를 제1위로 선택하였다. 그러나 네이더 후보에게 표를 던진 투표자들은 부시 후보를 제2위로 거의 선택하지 않은 것으로 나타났다.

선거 결과 선호 순위가 '부시 > 네이더 > 고어'(이는 부시가 제1위이고 네이더가 제2위이고 고어가 제3위임을 의미함) 또는 '네이더 > 부시 > 고어'가 실제로 거의 나타나지 않은 데[17]에는 분명한 이유가 있다. 주지하다시피 이념적으로 네이더는 좌파 후보였고, 부시는 우파 후보였고, 고어는 중도파 후보였다. 그래서 만약 투표자들이 부시(우파) 후보가 제안한 정책을 좋아한다면 마땅히 네이더(좌파) 후보의 정책을 싫어할 것이다. 반대로 만약 투표자들이 네이더(좌파) 후보가 제안한 정책을 좋아한다면 당연히 부시(우파) 후보의 정책을 싫어할 것이다. 다시 말하면, 투표자들의 순위가 '부시 > 네이더 > 고어'라면 이념적으로 이는 곧 '우파 > 좌파 > 중도파'라는 것을 의미한다. 실제로 이러한 순위는 거의 발생하지 않는다. 이념적으로 우파와 좌파는 적대적이기 때문에 투표자들은 우파 다음으로 좌파, 또는 좌파 다음으로 우파의 순으로 후보자를 지지하지 않을 것이다.

그러나 만약 우리가 이러한 두 가지 순위(즉, '부시 > 네이더 > 고어'와 '네이더 > 부시 > 고어')를 제외한다면(또는 적어도 이러한 두 가지 순위가 발생할 확률이 매우 낮다면) '콩도르세 역설'은 발생하지 않을 수 있고, '다수결 원칙'은 마침내 '결정성 공리'를 충족시킬 수 있다. 이 경우에 선거는 항상 한 사람의 당선자만을 가져다준다. 즉, 상기 두 가지 순위가 제외된다면[18] '다수결 원칙'은 다섯 가지

17 [역자주] 이론적으로 '무제한적인 순위 범위' 공리에 따르면 이러한 순위가 반드시 나타나야 한다. 그러나 '실제로' 이러한 순위는 미국 대통령 선거에서 거의 나타나지 않았다.

공리들 – 즉, (1) 결정성, (2) 일치성, (3) 선거 훼방꾼 부재, (4) 투표자들의 동등한 대우(익명성), (5) 후보자들의 동등한 대우(중립성) – 을 모두 동시에 충족시킬 수 있다.

3. 다수결 원칙과 우월정리

위에서 말했듯이 불가능성 정리는 너무 '비관적인' 것 같다. 그러나 만약 우리가 합리적인 방식으로 어떤 순위들을 제한할 수 있다면 다섯 가지 공리들은 더 이상 집단적으로 모순되지 않을(collectively inconsistent) 것이다. 그러나 투표자들이 '특정 순위의 제한'을 받아들일지에 관계없이 불가능성 정리는 다음 질문을 제기한다. 즉, 어떠한 투표 규칙도 다섯 가지 공리들을 모두 충족시키지 못한다면 어느 투표 규칙이 다섯 가지 공리들을 가장 자주 충족시키는가? 다시 말하면, 만약 우리가 '다섯 가지 공리 동시 충족'이라는 이상(理想)을 실현할 수 없다면 과연 어느 투표 규칙이 그러한 이상에 가장 가까이 다가가 다섯 가지 공리들을 충족시킬 가능성을 극대화하는가?

놀랍게도 이 질문은 애로우의 『사회적 선택과 개인의 가치』(*Social Choice and Individual Values*, 1951 & 1963)가 출간된 이후 오랜 기간 동안 연구 문헌들에서 공식적으로 제기되지 않았다. 마침내 이 질문은 매스킨(1995)과 다스굽타와 매

18 [역자주] 현재의 경우에서처럼 대통령 입후보자가 세 명인 경우 논리적으로 발생 가능한 순위는 총 여섯 가지이다. 즉, (1) 부시 > 네이더 > 고어, (2) 부시 > 고어 > 네이더, (3) 네이더 > 부시 > 고어, (4) 네이더 > 고어 > 부시, (5) 고어 > 부시 > 네이더, (6) 고어 > 네이더 > 부시이다. 이 중에서 '실제로' (1)과 (3)의 경우는 발생하기 어렵다. 따라서 이러한 두 가지 경우를 제외한다면 '콩도르세 역설'은 발생하지 않는다.

스킨(2008)에 의해 제기되었다.[19](다스굽타와 나는 이러한 질문을 2008년 *Journal of the European Economic Association*에 게재된 논문에서 제기한 적이 있다. 이 논문은 본서의 제7장에 다시 수록되어 있다.) 이 질문에 대답하기 위하여 다음을 정의(定義)해 보기로 하자. 즉, "특정 순위를 제한한 상태에서 어느 투표 규칙이 다섯 가지 공리들을 모두 충족시킨다면 그러한 투표 규칙은 잘 작동한다"고 정의하기로 하자. 예를 들면, "2000년 미국 대통령 선거에서 '실제로' 발생하지 않을 것 같은 두 가지 순위(즉, '부시 > 네이더 > 고어'와 '네이더 > 부시 > 고어')를 제외시킨다면[20] 다수결 원칙은 잘 작동한다"고 할 수 있다.[21] 그러면 역으로 우리는 다음 질문을 제기해 볼 수 있다. 즉, 여러 유형의 순위 제한들이 있다면 이 경우들에 대해 잘 작동되는 투표 규칙들에는 어떤 것들이 있는가?

이 질문에 대해 대답하려면 "우월정리"(domination theorem)라는 개념이 필요하다.[22] 내가 제시한 우월정리를 이용한다면 우리는 이 질문에 대해 명확하게 대답할 수 있다. '우월정리'는 다음과 같이 표현할 수 있다. 우선, "다수결 원칙과 상이한 어떤 투표 규칙(예를 들어, P라는 투표 규칙)을 선택해서 어떤 특정한 순위 유형(예를 들어, A라는 순위 유형)에 대해 이 투표 규칙이 잘 작동한다"고 가정해 보자. 특정한 순위 유형에 대해 다른 투표 규칙이 잘 작동한다면 그러

---

19 이에 대해서는 Maskin(1995)과 Dasgupta and Maskin(2008)을 참고하기 바람[(1) E. Maskin (1995), "Majority Rule, Social Welfare Functions, and Games Forms," in *Choice, Welfare, and Development* (Essays in Honor of Amartya Sen), eds. K. Basu, P. Pattanaik, and K. Suzumura, Oxford: Oxford University Press, pp. 100~109; (2) P. Dasgupta and E. Maskin(2008), "On the Robustness of Majority Rule," *Journal of the European Economic Association*, Vol. 6, pp. 949~973].

20 [역자주] 정확히 말하면, 이는 '실제로 발생하지 않을 것 같은 두 가지 순위를 제외시키기로 제한한다면'을 의미한다.

21 그러나 이 두 가지 경우뿐만 아니라 '다른 경우'에도 '다수결 원칙'이 잘 작동할 수 있다. 예를 들면, '고어 > 네이더 > 부시'의 경우와 '부시 > 네이더 > 고어'의 경우를 제외하면 또한 다수결 원칙이 잘 작동할 수 있다.

22 이에 대해서는 Dasgupta and Maskin(2008)을 참고하기 바람.

〈표 5〉 다수결 원칙의 우월정리

순위 유형	다수결 원칙과 상이한 어떤 투표 규칙 (예를 들어, P투표 규칙)	다수결 원칙
A	잘 작동함	잘 작동함
B	잘 작동하지 않음	잘 작동함

주: 역자가 만든 표임.

한 특정 순위 유형에 대해 '다수결 원칙'도 또한 잘 작동해야만 한다. 다음으로, 다른 특정 순위 유형(예를 들어, B라는 순위 유형)이 존재한다고 가정해 보자. 이때 이 순위 유형에 대해서 다른 투표 규칙(예를 들어, P라는 투표 규칙)은 잘 작동하지 않지만 다수결 원칙은 잘 작동한다고 가정해 보자. 이는 '다수결 원칙이 다른 모든 투표 규칙들보다 우월하다'는 것을 의미한다. 따라서 우월정리가 성립하려면 다른 투표 규칙이 잘 작동하는 한 다수결 원칙도 잘 작동해야만 한다. 그러나 다수결 원칙이 잘 작동하지만, 다른 투표 규칙이 잘 작동하지 않는 경우가 있다.[23] 그러므로 '다수결 원칙'이 다른 투표 규칙들보다 '우월'하다.

23 물론, 우리는 실제로 다수결 원칙을 사용(적용)하면 후보자들 간에 '콩도르세 역설의 순위'가 발생할 수 있음을 잘 알고 있다(그러나 실제로 콩도르세 역설의 순위는 일어나기 어려울 것이다). 다수결 원칙의 적용 시 발생하는 후보자들 간의 '동수(同數) 득표'(tie)를 어떻게 깰 수 있는가? 선거에서 후보자들 간의 동수 득표를 깨기 위한 규칙을 '타이 브레이크 규칙'(tie-breaking rule)이라고 부른다. 이러한 동수 득표를 깨기 위해 우리는 최다득표제(plurality rule)를 사용할 수 있다. 이를 위해 본문 〈표 3〉의 예로 돌아가 보자. 〈표 3〉에서 후보자 *X*, *Y*, 그리고 *Z*는 '다수결 원칙'에 따르면 본질적으로 '동수 득표'를 이루고 있다. 따라서 다수결 원칙으로는 한 명의 최종 당선자를 결정할 수 없다. 그러나 이 경우에 '최다득표제'를 적용하면 후보자 *X*가 최종 당선자로 결정될 것이다. 왜냐하면 후보자 *X*가 최다득표를 기록하고 있기 때문이다.

4. 전략적 투표와 전략방지 공리

앞의 각주 3에서 언급했듯이 나는 '투표자들은 (후보자들에 대한) 자신의 순위를 정직하게(sincerely) 표현한다'고 가정해 왔다. 즉, 투표자들의 '표현된 순위'(expressed ranking)와 '진정한 순위'(true ranking) 간에 차이가 없다. 그러나 많은 투표제도들의 경우에 '전략적 투표'(strategic voting, 즉 비록 투표자가 후보자 *X*보다 *Y*를 선호하지만 실제로는 *X*에게 투표하는 경우)가 이로울 때가 있다. 전략적 투표가 존재하면 우월정리는 어떻게 되는가? 전략적 투표가 존재하더라도 우월정리는 성립할 수 있다. 애로우의 네 가지 기본 공리에 하나의 새로운 공리를 추가한다면 내가 주장한 우월정리는 여전히 성립할 것이다. 즉, 새로운 공리로 '전략방지(strategy-proofness, 즉 '투표자들이 진실되게 투표하는 것이 자신들에게 이롭다는 사실을 알게 하는 것'을 말함)[24) 공리'를 새로이 추가한다면 우월정리는 그대로 유지될 것이다. 사실상, 만약 다수결 원칙이 어떤 순위 유형들에 대해 '결정성 공리'를 충족시킨다면 다수결 원칙은 또한 그러한 순위 유형들에 대해 '전략방지 공리'도 충족시킬 수 있다. 따라서 투표자들의 전략적 투표가 존재하는 경우에도 '전략방지 공리'를 추가한다면 우월정리는 여전히 성립될 수 있다.

위에서 언급했듯이 애로우 교수 자신은 사회선택이론의 연구를 시작했을 때 '다수결 원칙'으로 출발하였다. 뒤이어 애로우 교수는 다른 많은 투표 규칙들도 고려해 보았다. 그러나 애로우 교수는 자신이 제안한 기준들(즉, 네 가지 기본 공리)을 사용하여 여러 투표 규칙들을 검토해 본 결과, 결국 '다수결 원칙보

24 [역자주] 영어 표현으로 "strategy-proofness"는 '전략방지' 또는 '방전략'(防戰略)이라고 번역할 수 있다. 다시 말하면, 'waterproof'를 방수(防水)라 하고, 'fireproof'를 방화(防火)라고 한다면 'strategy-proof'는 방전략이라고 명명할 수 있다.

다 더 나은 투표 규칙이 없다'라고 이해한 것으로 사료된다. 이상으로 저의 발표를 마치겠습니다. 경청해 주셔서 감사합니다.

제5장 매스킨 교수와 센 교수의 강연에 대한 논평

애로우(Kenneth J. Arrow)

1. 매스킨 교수의 강연에 대한 논평
2. 센 교수의 강연에 대한 논평
3. 기타 논평
4. 연구 시작 동기에 관한 에피소드 소개

제5장 매스킨 교수와 센 교수의 강연에 대한 논평[1]

1. 매스킨 교수의 강연에 대한 논평[2]

오늘 강연해 주신 두 분 교수님께 진심으로 감사드립니다. 센(Amartya Sen) 교수님과 매스킨(Eric Maskin) 교수님이 저의 아주 오래된 연구 주제인 '불가능성 정리'(impossibility theorem)를 가지고 강연해 주신 것에 대해 영광스럽게 생각합니다. 무엇보다도 불가능성 정리와 관련하여 현재 이분들보다 더 나은 강연자는 없다고 생각합니다. 또한 두 분 교수님의 강연에 대해 논평할 수 있는 기회를 가지게 되어 대단히 기쁘게 생각합니다.

먼저, 매스킨 교수님의 강연에 대해 논평하도록 하겠습니다. 매스킨 교수님은 '불가능성 정리가 실패하는 경우'[3]에 대한 매우 흥미 있는 정리를 소개해 주었습니다. 다시 말하면, 매스킨 교수님은 먼저 사람들의 선호 집합에 대해 새로운 제약들을 가한 후 '이 조건들 하에서 다수결 투표(majority voting)가 작동(성립)할 것'이라고 주장하였습니다. 물론, 매스킨 교수님은 이러한 결과를 얻기 위하여 내가 가정한 조건들 이외에 자신의 새로운 '익명성 조건'

---

1 본 논평을 위해 원고를 정리해 준 하비(Rachel Harvey) 박사께 감사를 드린다.
2 [역자주] 본장의 소제목들은 역자가 독자의 편의를 위해 내용을 바탕으로 붙인 것임.
3 [역자주] 바꾸어 말하면, '가능성 정리'가 성립하는 경우.

(anonymity condition)을 추가했습니다. 매스킨 교수님의 새로운 결과는 매우 단순한 식이며, 특히 매스킨 교수님은 콩도르세(Condorset) 관점에서 '다수결 투표의 역할'에 대해 크게 강조하셨습니다. 다시 말하면, 매스킨 교수님은 "모든 선택 대안들에 대해 두 개씩 짝을 지어 비교(pairwise comparison)하는 경우 우리는 다른 모든 후보자들을 누르고 당선되는 한 후보자를 선택할 수 있다"고 주장하셨습니다. 즉, 매스킨 교수님은 '익명성 조건이 추가되면 다수결 투표가 성립할 수 있다'고 주장하셨습니다.

그러나 물론 특정 유형의 사회적 선택 규칙(social choice rule)에 필수적인 '하나의 조건'이 존재할 수 있습니다. 그 조건은 '하나의 결과를 가져다주는 데 필수적'입니다. 그러한 조건을 우리는 일반적인 용어로 '결정성 조건'이라고 합니다. 그러나 나는 아직 매스킨 교수님이 가정한 조건들이 실패하는(성립하지 않는) 경우에 그의 결과가 얼마나 유용할지에 대해 의문을 가지고 있습니다. 예를 들면, 만약 다수결 투표가 이행적이지 못하다(intransitive)면 다른 결과가 나타날 것입니다. 다시 말하면, 만약 제한적인 선호 집합이 불가능성 정리를 극복하는 데 불충분하다면[4] 다른 결과가 나타날 것입니다. 이것은 매우 중요한 문제입니다. 그래서 나는 이 문제를 매스킨 교수가 나중에 더 연구해야 할 미결 과제로 남겨 두고자 합니다.

4 [역자주] 즉, 선호가 이행적이지 않다면.

2. 센 교수의 강연에 대한 논평

다음으로, 나는 센 교수님의 강연에 대해 논평하고자 합니다. 센 교수님의 깊은 통찰력에 경의를 표하며, 나의 불가능성 정리를 일목요연(一目瞭然)하게 표현해 주어서 영광으로 생각합니다. 나는 센 교수님의 주장들에 대해 전적으로 동의합니다. 그러나 나는 두 가지 점을 지적하고자 합니다.

첫째, 센 교수는 내가 최초에 나의 연구 결과를 '가능성 정리'(possibility theorem)라고 불렀다는 점에 주목하고, 이를 나의 '쾌활한 성격' 탓으로 돌렸습니다. 그러나 사실은 이와 좀 다릅니다. 나는 항상 나 자신을 '비관적인 현실주의자'(gloomy realist)라고 생각해 왔습니다(물론 내 생각이 잘못될 수 있습니다). 그러나 쿠프먼스(Tjalling Koopmans)[5] 교수는 나에게 가능성(possibility)이라는 단어를 사용할 것을 고집해 왔습니다. 쿠프먼스 교수는 불가능성(impossibility)이라는 단어를 매우 못마땅하게 생각했습니다. 그렇다고 해서[6] 쿠프먼스 교수가 매우 '쾌활한' 성격의 소유자였다고는 말할 수 없습니다. 쿠프먼스 교수는 쾌활하거나 명랑한 분이 아니었으며 실제로 낙관주의자도 아니었습니다. 그러나 쿠프먼스 교수는 '어떤 일이 일어날 수 없거나[7] 변화될 수 없다'는 감정을 결코 좋아하지 않았습니다. 처음에 나의 박사 학위 논문이 코울스 위원회(Cowles

5 Tjalling Charles Koopmans(1910~1985)의 이력은 다음과 같습니다. M.A. in physics and mathematics, Univ. of Utrecht, 1933; Ph.D in mathematical statistics, Univ. of Leiden, 1936; Lecturer, Netherlands School of Economics, 1936~1938; Economist, League of Nations, Geneva, 1938~1940; Research Associate, Princeton, 1940~1941; Penn Mutual Life Insurance Co., 1941~1942; Statistician, Combined Shipping Adjustment Board, 1942~1944; Cowles Commission, 1944~1945; Professor, Univ. of Chicago, 1946~1955; Professor, Yale, 1955~1985.

6 [역자주] 즉, '가능성'이라는 단어를 좋아한다고 해서.

7 [역자주] 즉, 불가능하거나.

Commission) 소책자(전문서적)로 출간되려고 했을 때 나는 쿠프먼스 교수를 기쁘게 하기 위하여 소책자의 제목을 "가능성 정리"로 명명하려고 했었습니다.[8] 그러나 그것은 결코 내 생각이 아니었습니다.[9]

둘째, 또 다른 점은 센 교수님이 발표하신 '선호의 개인 간 비교와 정보적 기초'(informational basis)와 관련되어 있습니다. 센 교수님은 '내가 나의 최초의 형식화에서 사람들의 선호 순위(ordering)를 개인 간 비교(interpersonal comparison) 없이 개별적으로 고려했다'고 주장하셨습니다. 또한 센 교수는 '내가 선호의 형성 과정에서 대화(conversation and dialogue) 문제를 고려하지 않았다'고 주장하셨습니다. 여기서 '대화의 문제'란 사람들이 다른 사람에게 이야기할 때 자신의 의견(선호)을 본심과 다르게 말할 수 있다는 것을 의미합니다. 그러나 센 교수님이 '나의 불가능성 정리가 개인 간 비교를 무시했다'는 주장은 내 의도를 다소 잘못 이해한 것 같습니다. 비록 내가 효용의 개인 간 비교를 고려하지 않았지만 이것이 '개인 간 비교가 완전히 배제된다'는 것을 의미하지는 않습니다. 오히려 사회후생함수의 기초를 이루고 있는 각 개인의 선호는 개인 간 비교를 포함하고 있습니다. 아시다시피 사람들의 선호는 궁극적으로 '사회'와 관련되어 있습니다. 물론 사회 내 각 개인은 다른 사람들보다 자신에게 더 큰 가중치를 부여할 것입니다.[10] 그러나 두 개씩 짝을 지어 실시하는 개인 간 비

8 [역자주] Cowles Commission for Research in Economics, Monograph No. 12(1951)는 *Social Choice and Individual Values*라는 제목으로 출간되었다.

9 '불가능성 정리'의 기원에 대해 좀 더 자세한 논의를 보려면 다음 두 논문을 참고하기 바랍니다. (1) K. Arrow, Amartya Sen and Kotaro Suzumura(2011), "Kenneth Arrow on Social Choice Theory," in *Handbook of Social Choice and Welfare*, Vol. 2, Elsevier BV, pp. 3~27. (2) Kenneth Arrow(1991), "The Origins of the Impossibility Theorem," in *History of Mathematical Programming*, edited by Jan Karel Lenstra, Alexander H. G. Rinnooy Kan and Alexander Schrijver, Amsterdam: Elsevier Science, pp. 1~5. 이 논문은 본서의 제8장에 다시 수록되어 있다.

교(pairwise comparison)는 상이한 사회적 선호 순위(social orderings)를 가져다줄 것입니다. 따라서 불가능성 정리를 수립하는 데 있어서 '특별한 유형'의 개인 간 비교가 필요할 것입니다.

3. 기타 논평

본 강연의 주최자들과 본서의 기획자들은 나에게 몇 가지 다른 문제들에 관해 이야기해 줄 것을 요청해 왔습니다. 첫째, 현재 내가 사회선택이론의 '어떤 문제'에 관심을 가지고 있느냐 하는 점입니다. 솔직히 말하면, 나는 기술적인(technical) 관점에서 가장 문제가 되는 조건인 '무관한 선택 대안들로부터의 독립성'(IIA)에 대해 더 많은 연구를 하고 싶습니다. 다시 말하면, 이 조건이 완화되면 다른 제약조건들을 충족시키는 '결정 메커니즘'(decision mechanism)이 존재할 수 있는가? 예를 들면, 실질적으로 당선 가능성이 없는 2~3명의 후보자들을 투표용지(또는 후보자 명단)에 올려놓는다고 가정해 봅시다. 그러면 이들(또는 이들의 존재)은 다른 후보자들의 결정에 영향을 미칠 것입니다. 그러나 나는 이것이 '일관성 조건'을 충족시켜 줄지에 대해서는 확신할 수 없습니다. 그러나 IIA 조건을 포기함으로써 이제 우리는 '보르다 계산법'(Borda count)이나 다른 투표 방식을 사용할 수 있게 됩니다. 보르다 계산법은 발린스키와 라라키(Balinski and Laraki)[11]에 의해 제안된 방식입니다. 나의 이러한 새로운 가정(즉,

10 [역자주] 즉, 각 개인은 다른 사람들보다 자신을 더 중요하게 여길 것입니다.

11 Michel Balinski and Rida Laraki(2007), "A Theory of Measuring, Electing and Ranking," *Proceedings of the National Academy of Sciences*, Vol. 104, No. 21, pp. 8720~8725.

'당선 가능성이 없는 2~3명의 후보자들을 투표용지에 올려놓는다'는 가정)의 결과로 다른 조건들을 충족시키는[12] '일관성 있는 순위'(consistent ranking)가 나타날 것입니다. 물론 2~3명의 후보자들 중 어느 한 후보자가 탈락되면 다른 결과들이 나타날 것입니다. 나는 이러한 결과가 '좋은 결정 메커니즘'(good decision mechanism)인지 여부에 대해서는 아직 말할 수 없습니다. 그러나 나는 이것이 추가 연구를 위한 흥미 있는 분야라고 생각합니다.

둘째, '무관한 선택 대안들로부터의 독립성(IIA) 조건의 완화는 개인 간 측정 척도(interpersonal scale)의 개발과 관련되어 있다'고 생각합니다. 만약 여러분들이 경제학자들이 (예를 들어) '사람들의 행복'을 평가하는 데 사용되는 질문지를 본다면 경제학자들은 응답자들에게 "당신은 얼마나 행복하십니까?"라고 물을 것입니다. 그러면 어떤 응답자는 제시된 측정 척도(예를 들어, 1, 2, 3, 4, 5)를 기준으로 자신의 행복 순위를 정할 것입니다. 그러면 무정하고 냉정한 그 경제학자는 그 사람에게 "귀하의 행복 수준은 1이었으나 지금은 3입니까? 이것이 무슨 의미입니까?"라고 물을 것입니다. 이러한 방식은 심리학자인 스티븐스(Stanley Smith Stevens)가 시도한 연구와 거의 유사합니다. 스티븐스의 연구는 사람들에게 "이 빛은 이 소리가 시끄러운 것보다 더 밝습니까?"(Is this light brighter than this sound is loud?)라고 묻는 것과 거의 유사합니다.[13] 이 질문은 '빛의 밝기'와 '소리의 시끄러움 정도'를 비교하고 있습니다. 그러나 응답자들은 "나는 당신이 무슨 말을 하는지 모르겠습니다!"라고 말하는 대신에 그저 이 질문들에만 응답하며, 그 질문들이 '의미가 있다'고 생각합니다. 만약 사람들이 그

---

12 [역자주] 물론 다른 조건들은 기수적 효용이 아니라 '선호 순위'를 바탕으로 충족되어야 한다.

13 S. S. Stevens(1953), "On the Brightness of Lights and the Loudness of Sounds," *Science*, Vol. 118, p. 576.

경제학자가 제시하는 질문들이 '의미가 있다'고 생각한다면 아마 그럴지도 모를 것입니다. 또한 '사람들의 반응은 하나의 체계적인 표현(systematic representation)을 가능하게 해준다'고 생각합니다. 따라서 경제학자들 중 카네먼(Daniel Kahneman)과 크루거(Alan Krueger)의 연구와 그들의 "일상 재구성법"(Day Reconstruction Method)[14]은 개인 간 측정 척도의 개발과 거의 유사하고, IIA(무관한 선택 대안들로부터의 독립성)를 극복하기 위한 방식이라고 생각합니다. 비록 나는 이러한 연구 결과들을 설명하는 수학적 정리를 수립하지는 못했지만, 이러한 연구를 바탕으로 IIA를 대체하는 다른 유형의 조건을 형식화(모형화)하는 일은 흥미 있는 연구 분야가 될 것이라고 생각합니다.

셋째, '(1) 시간 경과에 따른 효용 추세(utility stream)의 비교와 (2) 어떤 특징이 그러한 비교와 관련되어 있는가?'라는 점입니다. 이는 기후 변화 문제와 중요한 관련성을 가지고 있습니다. 일부 사람들은 효용 추세에 있어서 '완전 대칭성'(complete symmetry)을 주장하고 있습니다. 즉, 이들은 '지금부터 200~300년 후의 사람들이 오늘날의 사람들과 똑같다'고 생각합니다. 이를 '보편성의 원칙'(principle of universalizability)이라고 부릅니다. 그러나 이러한 견해는 '시간이 무한대로' 나아간다면 다음과 같은 하나의 '역설'을 초래합니다. 보편성 조건을 다음과 같이 부가해 보기로 가정해 봅시다. 예를 들어, (1) 모든 기간 동안 하나의 효용 추세가 다른 효용 추세보다 더 낫거나, (2) 모든 기간 동안 최소한 하나의 효용 추세가 다른 효용 추세와 거의 같고, 어느 한 기간 동안에만 하나의 효용 추세가 다른 효용 추세보다 더 낫다고 가정해 봅시다. 그러면 그 효용

14 Daniel Kahneman and Alan Krueger(2006), "Developments in the Measurement of Subjective Well-being," *Journal of Economic Perspectives*, Vol. 20, No. 1, pp. 3~24.

추세는 분명히 다른 효용 추세보다 더 나을 것입니다. 그러나 사람들이 모두 똑같은 상태에서 만약 내가 변하다면, 두 번째 사람, 세 번째 사람, 그리고 100년 후의 사람도 변할 것인가? 보편성(즉, 완전 대칭성) 조건 하에서는 아무런 변화가 없을 것입니다. 보편성 조건 하에서 미래 사람들이 오늘날의 사람들보다 더 낫다면[15] 미래 사람들 대신에 오늘날의 사람들이 희생하려는 의지는 확실히 감소될 것입니다.[16] 이것은 하나의 '역설'이 아닐 수 없습니다. 이러한 역설은 (1) 시간 경과에 따른 효용의 추세와 (2) 기후 변화와 관련된 '세대 간 형평성'(intergenerational equity) 문제 등에 대해 생각할 때에는 특정 공리가 사용되어야 하며, 그 공리의 중요성을 강조하고 있습니다.

마지막으로, '구성과 계산 가능성 문제'에 대해 간단히 말씀드리겠습니다. 여러분들이 무한 차원(infinite dimension)을 고려할 때 과연 그 결과를 계산할 수 있습니까? 어떤 문제는 계산하기 거의 불가능할 것입니다. 유한 과정(finite process)은 우리들이 계산할 수 있지만, 무한 과정은 계산하기 어려울 것입니다. 이러한 점은 여러 문제들에 적용될 수 있습니다. 예를 들면, 기후 변화 문제와 같은 현재의 사회적 문제들뿐만 아니라 사회적 선택 문제와 개인적 선택 문제에도 적용될 수 있습니다. 이를 좀 더 단순하게 말한다면, "우리들은 그저 많은 것들 중에서 최상의 것을 선택한다"고 말할 것입니다. 그러나 유한 시계(視界)에서 계산이 가능하더라도 매우 복잡한 문제는 어떻게 선택합니까?

---

15 [역자주] 즉, 미래 사람들의 효용이 현재 사람들의 효용보다 더 크다면.

16 나는 이러한 점을 "세대 간 형평성과 장기 사회적 투자에 있어서 할인율"("Intergenerational Equity and the Rate of Discount in Long-term Social Investment," IEA World Congress, December 1995)이라는 논문에서 자세히 설명하였습니다.

4. 연구 시작 동기에 관한 에피소드 소개

이제까지 내가 설명한 내용들은 주로 불가능성 정리와 관련된 미래의 연구 과제들이었습니다. 그러나 본 강연의 주최자들은 나의 박사 학위 논문과 관련된 여러 가지 '영감들'에 대해 이야기해 줄 것을 요청해 왔습니다. 이에 대해서는 이미 다른 여러 곳에서 자세하게 밝힌 바 있습니다. 그러나 오늘 나는 여러분들에게 '뜻밖의 아이디어의 원천'(unexpected sources of ideas)에 대한 새로운 에피소드 하나를 소개해 드릴까 합니다. 나는 '선거'에 대한 나의 관심이 특별하지도 않았으며, 또한 그것이 나를 '불가능성 정리'에 대한 연구로 인도했다고 생각하지도 않습니다. 그러나 내가 11살 때 경험한 일 하나를 생생히 기억하고 있습니다. 그 일은 1932년 민주당 전당대회(Democratic Convention) 때 일어났습니다. 그 당시 미국의 전당대회는 아주 중요한 행사였습니다. 수많은 후보자들이 입후보하였고, 단지 소수의 주들만이 예비선거(primary, 대통령 후보 지명을 위한 대표자들을 선출하는 선거를 말함)를 실시했습니다. 당시 대부분의 주들에서 예비선거 대신에 지역 정당 조직들(political machines)이 그들의 대표자(대의원)를 지명하고, 이들은 전당대회에 나가 대통령 후보자를 선출하였습니다(1932년에 뉴욕 주 대의원들은 루스벨트(Franklin Delano Roosevelt, 미국 제32대 대통령(1933~1945년 재임)으로 뉴딜 정책을 실시함)가 아니라 앨프레드 스미스(Alfred Smith) 후보를 압도적으로 지지했습니다). 그 당시 전당대회가 실제로 모든 중대사를 결정했습니다. 대부분의 보통 사람들처럼 나도 라디오를 통해 전당대회 소식을 들을 수 있었습니다. 나는 라디오를 틀고 7살짜리 내 여동생과 함께 민주당 전당대회 중계를 청취하게 되었습니다. 나는 커다란 종이 한 장을 꺼내 세로에는 모든 후보자들의 이름을 적고, 가로에는 모든 주들을 적은 커다란 도표 하나를 그렸습니다. 당시 많은 주들에서 지역 후보자들이 자신의 이름을 전국적으로 알리기 위해 대통령 선거에 입후보하였습니다. 투표가 진행되는 동안 모든 주들은 투표 과정을 생생하게 중계하였고, 투표 결과를 다음과 같이 발표하였습니다. 예를 들면, "앨라배마(Alabama, 미국 남동부에 위치한 주)는 앨프레드 스미스 후보에게 24표를 투표했습니다"라고 중계해 주었습니다. 모든 주들에서 투표가 진행되는 동안 나는 라디오를 들으면서 내 여동생에게 이러한 결과들을 내가 불러주는 대로 도표 위에 받아쓰라고 했습니다. 지금까지도 내 여동생은 '그때 그녀가 했던 일'을 가지고 나를 놀리곤 합니다. "자신이 바로 내가 사회선택이론을 연구하게 한 장본인"이라고 말입니다!

이상으로 두 교수님의 강연에 대한 저의 간단한 논평을 마치고자 합니다. 저의 논평을 경청해 주셔서 감사합니다.

제6장 사회적 선택의 정보적 기초

센(Amartya Sen)

1. 서론
2. 민주적 우선과 정보적 포괄성
3. 정보적 배제와 사회선택이론의 분석 틀
4. 공리적 배제와 애로우의 불가능성 정리
5. 효용 정보의 풍부화와 사회적 선택 가능성
6. 효용 정보와 비효용 정보의 '결합'

사회적 선택의 모든 방식들은 '어떤 유형의 정보들'을 이용하지만, '다른 유형의 정보들'을 무시한다. 예를 들면, 다수결(多數決) 방식은 (직접적으로) 사람들의 투표와 (간접적으로) 그들의 선호에 초점을 맞추고 있다. 그러나 다양한 다른 종류의 정보들 – 예를 들면, 개인의 성격, 사람들의 사회적 지위, 부나 빈곤 상태, 또는 심지어 각 개인의 선호의 강도 등 – 에 대해서는 아무런 관심을 기울이지 '않고' 있다. 상이한 사회적 선택 방식들 간의 차이는 실질적으로 각 방식이 사용하거나 무시하는 '정보의 종류'에 달려 있다. 즉, 사회적 선택 방식들 간의 차이는 '각 방식이 어떤 정보를 사용 또는 무시하느냐'에 달려 있다. 따라서 상이한 사회적 선택 방식들이 이용하는 '정보적 기초들'(informational basis)은 우리들에게 각 사회적 선택 방식이 어떻게 작동하며, 어떤 결과를 가져다주는지에 관해 많은 것을 알려 준다.

제6장 사회적 선택의 정보적 기초[1)]

1. 서론

사회선택이론(social choice theory)은 (1) 광범위한 '결정(decision) 문제들'(예를 들면, 다수결에 의한 결정)과 '판결(judgment) 문제들'을 다루고 있을 뿐만 아니라, (2) 다양한 '투표 방식들'과 '규범적 측면에서 사회적 판단(social assessment) 방식들'을 다루고 있다. 또한 사회선택이론은 (3) 선거 및 투표 이론들과 (4) 후생경제학, 그리고 (5) 다양한 규범적 기준(normative measurement) 이론들 – 예를 들면, 국민소득의 평가, 불평등과 빈곤의 측정, 사회후생의 평가 등 – 을 망라하고 있다. 이러한 상이한 문제들은 종종 '아주 다른 접근 방법들'을 필요로 하고 있으며, 그 결과 모든 상이한 문제들에 대해 똑같이 만족스럽게 적용되는 어떤 '통일된 접근 방법'(uniform approach)이 존재하지 않을 수 있다.[2)] 그럼에도 불구하고 모든 사회적 선택 문제들(social choice problems)은 "사회적" 또는 '집단적'

---

1 본장은 A. Sen(2011), "The informational basis of social choice," in K. J. Arrow, A. Sen, and K. Suzumura(edited), *Handbook of Social Choice and Welfare*, Vol. II, Amsterdam: North-Holland에서 재인쇄한 것이다. 본 논문에 대해 유익한 논평을 해주신 Kenneth Arrow 교수님과 Kotaro Suzumura 교수님께 감사를 드린다.

2 나는 '상이한 문제들에 대한 구분이 왜 그렇게 중요한지'에 대해 Sen(1977a)에서 자세히 논의하였다. 또한 Suzumura(1982, 1983)도 이 문제에 대해 논의한 바 있다.

판단을 (당해 사회 또는 집단을 구성하는) 각 개인들의 가치(value), 선호(preference), 선택(choice) 또는 다른 특성들과 결부(結付)시키는 공통된 특징을 가지고 있다. 다시 말하면, 모든 사회적 선택 문제들은 사회 또는 집단을 구성하는 각 개인들의 가치, 선호, 선택 또는 다른 특성들을 바탕으로 '사회적 또는 집단적 결정'을 내리는 공통된 특징을 가지고 있다. 따라서 본장은 이러한 공통 특징에 바탕을 둔 일반적 접근 방법(generic approach)의 '정보적 기초'(informational basis)에 관해 자세히 논의하고자 한다.

1) 사회적 선택 방식들과 정보적 기초[3)]

사회적 선택의 모든 방식들은 어떤 유형의 정보들을 이용하지만, 다른 유형의 정보들을 무시한다. 예를 들면, 다수결(majority decision) 방식은 (직접적으로) 사람들의 투표와 (간접적으로) 그들의 선호(preferences)에 초점을 맞추고 있다. 그러나 다양한 다른 종류의 정보들 – 예를 들면, 개인의 성격, 사람들의 사회적 지위, 부나 빈곤 상태, 또는 심지어 각 개인의 선호의 강도 등 – 에 대해서는 아무런 관심을 기울이지 않고 있다. 그러나 이러한 '무시된' 각 특성들은 '어떤' 사회적 선택 방식에는 중요하지 않을 수 있지만, 다른 사회적 선택 방식들에게는 매우 중요한 영향을 미칠 수 있다. 상이한 사회적 선택 방식들 간의 차이는 실질적으로 각 방식이 사용하거나 무시하는 '정보의 종류'에 달려 있다. 즉, 어떤 사회적 선택 방식(예, 단순 다수결 방식)은 어떤 정보들(예, A정보와 B정보)을 이용하지만, 다른 정보들(예, C정보와 D정보)을 '무시'하고 있다. 반면에 다른

3 [역자주] 역자가 만든 제목임.

사회적 선택 방식(예, 3분의 2 다수결 방식)은 다른 정보들(예, C정보와 D정보)을 이용하지만, 어떤 정보들(예, A정보와 B정보)을 '무시'하고 있다. 이와 같이 사회적 선택 방식들 간의 차이는 '각 방식이 어떤 정보를 사용 또는 무시하느냐'에 달려 있다. 각각의 사회적 선택 방식이 이용하는 '정보적 기초들'은 우리들에게 (1) 각 사회적 선택 방식의 성격(nature)과 기본 동기(motivation), 그리고 (2) 사회적 선택 방식들 간의 차이 등에 관해 많은 것을 알려 준다.

2) 규범적 사회결정 원칙들과 정보적 기초[4]

정보적 기초들이 '사회적 선택 방식들'에 대해 수행하는 이러한 역할은 '사회적 판결'(social judgment, 즉 사회적 결정)이나 '규범적 측면에서의 사회적 결정'(normative social decision)과 관련된 여러 원칙들(principles)의 경우에도 거의 마찬가지이다. 각 원칙에 필요한 정보적 기초들은 판결 가능성 또는 불가능성의 성격을 제한하는 역할을 한다. 이 경우 정보적 기초들은 각 원칙에 대해 부과되는 '공리적 조건들'(axiomatic requirements)에 의해 명시적 또는 묵시적으로 나타낼 수 있다. 실제로 최근 커다란 관심을 받아 온 사회적 결정에 필요한 많은 "조건들"은 '정보적 금지사항들'(informational prohibitions)뿐만 아니라 '정보적 요구사항들'(informational demands)에 의해 유용하게 표현될 수 있고, 또 분석될 수 있다(주지하다시피 그러한 분석은 특히 애로우(Arrow, 1950, 1951)의 '공리적 사회선택이론'(axiomatic social choice theory)에 기원을 두고 있다).

사실상, 우리는 어떤 '규범적 원칙'(normative principle), 또는 어떤 '명확한 사

4 [역자주] 역자가 만든 제목임.

회적 선택 방식'(well-defined social choice procedure)을 나타낼 수 있다. 즉, 어떤 규범적 원칙(또는 사회적 선택 방식)이 이용하는 정보들과 무시하는 정보들을 밝힘으로써 그러한 규범적 원칙(또는 사회적 선택 방식)을 표현할 수 있다. 이에 관해서는 이미 센(Sen, 1977b, 1979)의 두 연구에서 논의한 바 있다. 반면에 본장에서는 다음 질문을 제기해 보기로 한다. 즉, 과연 어떤 '사회적 선택 방식 또는 규범적 원칙이 정보적 기초만으로 충분히 표현될 수 있는가?' 그러나 그 대답은 명백한 이유로 확실히 '부정적'이다. 어떤 원칙(또는 사회적 선택 방식) P에 가까이 다가가는데(즉, 어떤 원칙 P를 충족시키는 데) 필요한 정보적 조건들(informational conditions)이 아무리 빈틈이 없다고 하더라도 바로 그 동일한 정보적 조건들(informational requirements)을 포함하는(필요로 하는) 최소한 세 가지 다른 원칙들이 존재할 수 있다. 첫째, 먼저 어떤 원칙 P에 반대되는 원칙을 '반(反)P원칙'이라고 부르기로 하자. 그 결과 '반P원칙'은 본래의 P원칙이 필요로 하는 것과 정반대의 정보를 요구할 수 있다. 즉, 규범적 원칙(또는 사회적 선택 방식)이 다르면 다른 정보적 조건들이 필요하다. 예를 들면, 사회적으로 효용의 총계를 '최소화'하는 규범적 원칙(즉, 반P원칙)은 효용의 총계를 최대화하는 규범적 원칙(즉, P원칙)보다 더 적은 정보들이 필요할 것이다. 즉, 두 규범적 원칙들 간에는 서로 다른 정보들이 필요할 것이다. 둘째, 사회적으로 '모든 선택 대안들이 똑같이 좋다(equally good)'(이를 '보편적 무차별'(universal indifference)이라고 부름)고 결정되면 어떠한 정보들도 필요하지 않을 것이다(다만 이 경우에는 '일반 규칙'(blanket rule)에 대한 정보만 필요할 것이다). 셋째, 사회적으로 '어떠한 선택 대안도 다른 선택 대안들에 대해 순위를 매길 수 없다'(이를 '보편적 무연관성'(universal unconnectedness)이라고 부름)면 정보들(정보적 조건들)이 거의 필요하지 않을 것이다. 이와 같이 세 가지 원칙들의 경우에는 (1) 정보들이 전혀 또는 거의 필요하지 않거나, (2) 정반대의 정보들이 필요할 것이다. 이러한 이유들로 우리는 '정보적 기초만'으로는 어떤 규범적 원칙(또는 사회적 선택 방식)을 충분히 표현할 수 없을 것이다.

그러나 이러한 '정보적 시각'은 다음 두 가지 경우에 이용될 수 있다. 첫째, 그러한 정보적 시각은 '관련 결정들에 대한 충분한 정보들이 있다'(즉, 정보의 충분성)는 것을 확인하는 데 사용될 수 있다. 둘째, 그러한 정보적 시각은 '사회적 선택 방식들 또는 규범적 원칙들이 실제로 각 방식이나 원칙을 규정하는 특정 유형의 정보들에 반응해야만(또는 민감해야만) 한다'(즉, 정보의 반응성)는 것을 요구하는 데 사용될 수 있다. 정보적 시각과 관련하여 중요한 것은 두 번째 경우이다. 즉, 관련된 정보의 충분성(sufficiency)을 검사하는 대신에 '특정 정보들에 어떻게 반응하는지를 식별할 필요성'(이를 '정보적 반응성(informational responsiveness) 조건'이라 부름)이 더 중요하다. 만약 우리가 '정보적 반응성'에 초점을 맞춘다면 상기 세 가지 원칙들 중에서 마지막 두 가지 원칙들은 받아들일 수 없을 것이다. 이 경우 '첫 번째 원칙' – 즉, 정반대의 정보 요구 원칙 – 만 받아들일 수 있을 것이다. 이를 간단한 예를 통해 설명해 보기로 하자. 먼저, 두 가지 사회적 상태인 x와 y에 대해 모든 사람들이 만장일치적 강(强)선호관계(예를 들면, 모든 사람들이 x와 y에 대해 $x>y$이거나 $x<y$인 경우)를 가진다고 가정해 보자. 이 경우 모든 사람들이 y보다 x를 선호한다면(즉, $x>y$) 정보적 반응성은 (1) 두 선택 대안들 간에 '무차별(즉, $x=y$)이 존재할 가능성'을 제거하거나, (2) 두 선택 대안들에 대해 '순위를 매기지 못하게 할 가능성'을 제거하는 역할을 한다. 그러나 방향적 정보에 대한 요구 없이 이러한 정보적 반응성만으로

'선택 대안 x가 선택 대안 y보다 사회적으로 더 선호되어야만 한다'(또는 '사회적으로 y보다 x가 선택되어야만 한다')는 결론을 유도할 수 없다. 왜냐하면 '똑같은 정보'에 대해 실제로 정반대의 경우(즉, 사회 내 모든 사람들이 y보다 x를 선호하는 것에 반응하여(즉, 선호하지만) 사회적으로는 반대로 x보다 y가 선호되는 경우)가 발생할 가능성이 존재하기 때문이다. 이러한 가능성은 명백히 잘못된 경우이지만 실제로 발생할 수 있다. 파레토 원칙(Pareto principle)과 반(反)파레토 원칙(anti-Pareto principle) 은 사실상 '정보적 조건'(informational requirement) 또는 '정보적 반응성'(informational responsiveness)에 있어서 다르지 않다. 다만 두 원칙들 – 즉, 파레토 원칙과 반파레토 원칙 – 은 반응의 방향에서만 다를 뿐이다.

3) 사회선택이론과 정보적 기초의 역사적 전개 과정[5)]

따라서 '실질적인' 사회선택이론은 정보적 기초들만으로는 완전히 설명될 수 없다. 왜냐하면 똑같은 정보들이 상이한 사회적 선택 방식들이나 규범적 원칙들에서 다르게 사용될 수 있는 가능성을 제거할 수 없기 때문이다. 그러나 상이한 사회적 선택 방식들이나 규범적 원칙들 간의 차이가 종종 서로 다른 정보적 기초들에 주로 의존하고 있다. 따라서 '정보적 기초들'은 사회선택이론에서 중요하다.

실제로, 사회선택이론의 역사에 따르면 사회선택이론에 지대한 공헌을 한 많은 주요 연구자들은 '어떤 유형의 정보들을 이용하고, 다른 유형의 정보들을 무시해 왔음'을 알 수 있다. 따라서 다음 장에서는 이러한 역사적 연구 단

5 [역자주] 역자가 만든 제목임.

계들 가운데 몇 가지 중요한 단계들에 관해 간략히 검토해 보기로 한다. 사회선택이론은 우선 18세기 프랑스 수학자들 – 예를 들면, 보르다와 콩도르세 – 의 '고전적인' 연구에 기원을 두고 있다. 다음으로, 20세기 중반의 '현대' 사회선택이론의 개척자들의 연구 – 특히, 애로우의 1950년과 1951년의 선구자적 연구 – 로 이어진다. 마지막으로, '최근의' 사회선택이론의 연구 방향들과 특히 '규범적' 사회선택이론에 관해 간단히 살펴보고자 한다.[6)]

2. 민주적 우선과 정보적 포괄성

현대 사회선택이론의 '정보적 기초'는 기본적인 민주적 신념(democratic conviction)과 밀접히 관련되어 있다. 기본적인 민주적 신념에 따르면 사회적 결정(social decision)과 공적 결정(public decision)은 상당히 투명한 방식으로 '사람들의 선호'를 바탕으로 해야만 한다. 이러한 민주적 본능(democratic instinct)의 출현은 유럽 계몽주의(Enlightenment)[7)] 사상과 이를 둘러싼 사건들과 밀접히 관련되어 있다. 민주적 본능이 비록 18세기 이전의 여러 가지 지적 원천과 영감들에 바탕을 두고 있지만, 무엇보다도 18세기 후반의 계몽주의에 가장 큰 영향을 받

6 그러나 본장은 특정 연구 결과들보다는 비교적 '광범위한 결과들'에 초점을 맞추고 있다. 나는 사회선택이론을 다룬 다른 논문에서 다음 주제에 대해 논의하고 증명해 왔다(이에 대해서는 Sen(1986)을 참고하기 바람). 즉, Sen(1986)에서 나는 사회적 선택의 원칙과 방법들에 대한 '고전적 논의들'이 '최근 연구들의 형식적 분석들과 기술적 결과들'과 어떻게 직접적으로 관련되어 있는지를 논의하고 증명했다. 그 결과, 고전적 논의들은 최근의 연구 결과들과 직접 '관련되어' 있음을 발견하였다. 또한 정보적 기초들과 관련된 "과거의" 논쟁적인 문제들도 이와 비슷한 회복력과 내구력을 가지고 있다.

7 [역자주] 16세기 말에서 18세기 후반에 걸쳐 유럽 전역에서 일어난 것으로 구시대의 묵은 사상을 타파하려던 혁신적 사상운동을 말하며, 프랑스 혁명의 촉매제 역할을 함.

았다고 할 수 있다. 다시 말하면, 민주적 본능은 18세기 후반의 계몽주의 기간 동안에 커다란 관심과 폭넓은 공적 지지를 받게 되었다. 또한 계몽주의에 영향을 받아 18세기 후반에는 프랑스 혁명(French Revolution, 1789~1799년)과 미국 독립 혁명(American Independence, 1775~1783년)이 발생하였다. 특히, '여러 가지 투표 제도들(voting systems)의 특성'을 분석한 보르다(Borda, 1781)와 콩도르세(Condorcet, 1785)의 연구와 '공리주의적 사회적 합계(utilitarian social aggregation)의 필요성'을 주장한 벤담(J. Bentham, 1789)의 연구는 확실히 18세기 후반의 계몽주의의 지적 풍토(intellectual climate)에 의해 큰 영향을 받았다.

물론 사람들의 선호는 상이한 '민주적 과정'에서 다양하게 해석될 수 있다. 그러한 해석은 (1) 한편으로 '투표(votes)와 투표를 통한 사람들의 소리(people's voices)에 초점을 맞추는 경우'와 (2) 다른 한편으로 '이익(interests) 또는 판결(judgments)에 초점을 맞추는 경우'를 대비해 봄으로써 잘 설명될 수 있다. 전자의 경우는 보르다 또는 콩도르세의 고전적 연구들에서 탐구되었고, 후자의 경우는 애덤 스미스(Adam Smith), 벤담(J. Bentham), 또는 밀(John Stuart Mill)의 선구적 저서들에서 탐구되었다. '사람들의 선호'에 대한 다양한 해석들 간의 이러한 비교들은 어떤 의미에서 매우 중요하다. 그러나 "사회선택이론의 민주적 기초"(democratic foundation)에 주목하고 있는 현재의 상황에서는 사람들의 선호에 대한 다양한 해석들 간의 '차이'는 그들이 가진 '공통점'보다 덜 중요하다. 따라서 여기서는 사람들의 선호에 대한 다양한 해석들 간의 차이점보다는 그들이 가진 '공통점'에 주목해 보기로 하자. 우선, 나는 '사람들의 이해관계'(individual concerns)에 대한 모든 상이한 해석들을 망라하기 위하여 선호(preference)라는 '일반적 용어'를 사용하려고 한다. 또한 '선호'라는 일반적 용어는 공적 결정 또는 사회적 판결(결정)의 정보적 기초들(informational bases)을 다루는 데에도 적합하다.

또한 이러한 기본적인 민주적 기초 위에서 "아무도 선험적으로(a priori) 배제(exclusion)되지 않고 최소한 원칙적으로 모든 사람들의 선호를 고려해야 한다"는 강한 인식이 있다. 비록 어떤 사람들의 선호가 다른 사람들의 선호들보다 더 중요하다고 하더라도 원칙적으로는 모든 사람들의 선호를 고려해야 한다. 사회(집단)의 어떠한 구성원도 '기본적으로 관련성이 없다'는 이유로 민주적 결정 과정에서 배제될 수 없다. 이러한 '정보적 기초'[8]는 18세기에 등장한 제1세대 형식적(formal) 사회선택이론 – 예를 들면, 보르다(1781)와 콩도르세(1785) – 에 기초를 두고 있으며, 또한 애로우(1951)[9]에 의해 개척된 현대 사회선택이론에서 더욱 강화되었다. 이러한 기본적인 민주적 특징(즉, 정보적 기초)이 오늘날에는 당연한 것처럼 보이지만 1951년에 현대 사회선택이론이 도입된 당시에는 '급진적인' 것이었다. 이러한 결과로 현대 사회선택이론은 '사회적 선택의 정보적 기초'에 '민주적 포괄성'(democratic inclusiveness)[10]을 포함시키게 되었다. 다시 말하면, 현대에 와서 '민주적 포괄성'이 마침내 '사회적 선택의 정보적 기초'에 들어오게 되었다.

이러한 새로운 출발의 효력은 '현대 사회선택이론이 가정한 새로운 추정들'과 '계몽주의 시기 이전의 정치학 또는 정치경제학에서 사회적 선택에 대한 초기 해석들'을 비교해 봄으로써 알 수 있다. 예를 들면, 고대 그리스의 아리스토텔레스(Aristotle; 384~322 B.C., 그리스의 철학자)와 고대 인도의 카우틸랴

8 [역자주] 정확히 말하면, 민주적 기초 위에서 마련된 '정보적 기초'를 말함.

9 [역자주] K. J. Arrow(1951), *Social Choice and Individual Values*, New York: Wiley.

10 [역자주] 즉, '모든 사람들의 선호를 고려해야 함'을 말함.

(Kautilya; 350~275 B.C., 인도의 정치가 및 철학자)는 각자의 저서에서 '적절한 사회적 의사결정'을 하는 다양한 방법들을 탐구하였다. 아리스토텔레스와 카우틸랴는 모두 B.C. 4세기에 살았던 인물들이며, 아리스토텔레스는 『정치학』(*Politics*)이라는 책을 저술하였고 카우틸랴는 『경제학』(*Economics*)이라는 책을 저술하였다.[11] 아리스토텔레스는 당시 사회적 의사결정 과정에서 여성들과 노예들을 배제하는 데 큰 어려움이 없었고, 카우틸랴도 중요한 사회적 결정들을 '사회적 지위가 높은 지배계층들'(주로 카스트 제도나 정치권력과 관련됨)에게만 국한하는 데 거의 어려움이 없었다. 이러한 광범위한 '정보적 배제들'(informational exclusions)은 사회적 결정 방법에 대한 체계적인 연구가 시작되기 전에 사실상 정당한 것으로 인정되었다. 그러나 18세기 후반(즉, 계몽주의 시기)의 유럽 세계는 이러한 배제 허용 관행을 뒤집어엎음으로써 민주적 과정에 필요한 '정보적 기초'를 넓히는 데 기여하였다. 현대 사회선택이론의 선구자들 – 예를 들면, 애로우 등 – 은 "어떤 사회 또는 집단의 모든 구성원들은 원칙적으로 자신이 속한 사회 또는 집단의 결정 과정에 반드시 포함되어야 한다"는 확고한 신념을 가지고 있었다.[12]

이러한 원칙은 사회 전체에 대한 선택(또는 결정)뿐만 아니라 위원회(committee), 협회(academy), 배심원(juries), 기타 조직의 패널(panel)이나 이사회

---

11 아리스토텔레스의 『정치학』에 대한 영어 번역본은 Barker(1958), 그리고 카우틸랴(Kautilya)의 『경제학』에 대한 영어 번역본은 Shama Sastry(1967)를 참고하기 바란다. 카우틸랴 책의 산스크리트 제목인 "아르타샤스트라"(Arthashastra)는 글자 그대로 "물질적 부에 대한 이론"(Treatise on Material Wealth)을 의미하며, 이는 아마 "경제학"(Economics)으로 가장 잘 번역될 수 있다. 그러나 카우틸랴의 "아르타샤스트라"의 대부분은 '체계적인 치국책'(statecraft)을 다루고 있다.

12 콩도르세를 비롯한 계몽주의 시기의 연구자들에 의한 지적 논의들을 보려면 Rothschild(2001)를 참고하기 바람.

(board) 등에서의 선택(또는 결정)에도 적용되어야 한다. 또한 "각각의 사회 또는 집단에 속한 어떤 개별 구성원들의 이해관계가 선험적으로 배제되어서는 안 된다"는 주장이 있다.

이제까지 연구된 상이한 결정 방법들 – 예를 들면, 다수결제(majority rule), 공리주의적 합계 방법(utilitarian aggregation), 또는 순위 투표제(rank-order voting, 이는 소위 "보르다 규칙"(Borda rule)이라고 부름) 등 – 은 개별 선호의 특정 측면에 부여하는 중요성에서 있어서 '차이'가 있다. 예를 들면, '개별적으로 고려되는 선호 각각의 쌍에 대한 순위'만 중요하게 고려하는지(즉, "무관한" 다른 선택 대안들은 무시하는지), 또는 '전체 순위에서 어느 한 특정 선택 대안에 대한 순위'만 중요하게 취급하는지(이는 '보르다 방식'에서 발생함[13]) 등에 있어서 '차이'가 있다. 그러나 이러한 결정 방법들은 '사람들의 선호를 합계할 때 어느 누구의 선호 순위도 배제하지 않는다'는 '공통점'을 가지고 있다. 따라서 이들 방법들은 기본적이지만 강력한 형태로 '민주적 포괄성'(democratic inclusiveness)에 대한 확고한 믿음을 공통적으로 가지고 있다.

애로우가 개척한 현대 사회선택이론이 이러한 기본적인 민주적 가치(democratic value)를 강하게 공유한 이래 현대 사회선택이론은 이러한 기본적인 정보적 추정(informational presumption, 즉 정보적 기초)에 충실해 왔다. 예를 들면, 애로우(1951)가 수립한 어떤 공리 체계가 한 명의 '독재자'를 초래하면 이는 즉

13 소위 "보르다 규칙"(Borda rule)은 "위치 규칙"(positional rules)의 일반 유형에 속한다. '위치 규칙'의 특징은 Gardenfors(1973), Fine and Fine(1974) 등에 의해 광범위하게 논의되었다. 특히, Pattanaik(2002)은 이러한 문헌들에 대해 비평적으로 잘 개관하고 있다(P. K. Pattanaik(2002), "Positional rules of collective decision-making," in K. J. Arrow, A. K. Sen, and K. Suzumura(eds.), *Handbook of Social Choice and Welfare*, Vol. 1). 또한 '콩도르세의 투표 규칙'은 Arrow(1963), Fishburn(1973), Suzumura(1983), Young(1988) 등에 의해 잘 논의되어 왔다.

각적으로 나머지 다른 공리들에 대해서도 커다란 기능 장애를 야기시킬 수 있다. 따라서 우리는 '민주적 포괄성'에 대한 이해 없이는 '애로우의 불가능성 정리'에 내재된 지적 도전을 제대로 이해할 수 없을 것이다. 또한 '민주적 포괄성'은 독재자 또는 독재 방식에 의해 심하게 훼손될 것이다.

이러한 '민주적 포괄성'에 대한 논의는 애로우의 불가능성 정리에 뒤이어 나온 여러 결과들에도 적용될 수 있다. 그러나 애로우의 특정 불가능성 결과 – 예를 들면, 독재의 존재 – 는 '사회적 선호의 이행성 조건이 '준이행성'(quasi-transitivity)으로 완화되는 경우'[14]에는 적용될 수 없다[15](단, 다른 조건들이 재(再)정의되는 경우에는 특정 불가능성 결과가 적용될 수 있다). 그러나 사회적 이행성(social transitivity) 면에서 "집단적 합리성"(collective rationality) 조건이 서서히 완화되면 '새로운 결과'가 나타날 수 있다. 즉, 집단적 합리성 조건이 점진적으로 완화되면 과두제(oligarchy, 소수의 독재자들)나 거부권(veto power)을 가진 사람의 출현, 또는 민주주의에서 필요한 다른 조건의 위반 등이 발생할 수 있다.[16] 놀랍게도 이러한 새로운 결과들은 민주주의에서 요구되는 '정보적 포괄성'(informational inclusion)의 '위반'과 관련되어 있다.

---

14 [역자주] 즉, 사회적 선호가 '준이행적인'(quasi-transitive) 경우를 말함.

15 이러한 '적용 불가능성'은 Sen(1969, 1970a)에서 논의되었다. 그러나 선택과 관련된 함수적 분석틀에서 애로우의 조건들은 '독재' 결과를 초래하기 위하여 적절히 재(再)정의될 수 있다(이에 대해서는 Sen(1993)을 참고하기 바람). 따라서 애로우의 조건들 중 '무관한 선택 대안들로부터의 독립성, 무제한적인 선택 범위, 약(弱)파레토 원칙' 등은 합쳐서 '민주적 포괄성'을 여전히 위반할 수 있다.

16 이러한 '일반적 연구'에 대한 '상이한' 연구 결과들은 Gibbard(1969, 1973), Sen(1970a, 1977a, 1993), Mas-Colell and Sonnenschein(1972), Fishburn(1973, 1974), Brown(1974, 1975), Binmore(1975, 1994), Campbell(1976), Deb(1976, 1977), Suzumura(1976a, 1976b, 1983), Blau and Deb(1977), Kelly(1978), Blair and Pollak(1979, 1982), Grether and Plott(1982), Chichilnisky(1982), Chichilnisky and Heal(1983), Moulin(1983), Pattanaik and Salles(1983), Peleg(1984), Hammond(1985), Kelsey(1985), Campbell and Kelly(1997) 등에 의해 연구되고 제시되었다.

사회선택이론의 성격이 18세기 후반에 확립된 기본적인 민주적 신념과 '정보적 기초'에 의해 얼마나 크게 영향을 받아 왔는지를 인식하는 것이 중요하다. 애로우의 불가능성 결과(정리)는 20세기 후반에 전개된 사회선택이론의 발전 방향에 커다란 영향을 미쳤다. 이제 이를 바탕으로 사회선택이론에서 '민주적 포괄성'이 어떻게 전개되어 왔는지를 순서적으로 고찰해 보기로 한다. 제3절에서는 애로우의 사회선택이론의 분석 틀(social choice framework)을 '정보적 측면'(특히, '정보적 배제 측면')에서 자세히 논의하기로 한다. 제4절에서는 '정보적 관점'에서 애로우의 불가능성 정리를 수립 · 증명하고, 해석하는 간단한 방법에 대해 논의하기로 한다.

3. 정보적 배제와 사회선택이론의 분석 틀

애로우의 '일반적' 분석 틀 내에서 여러 가지 사회적 상태들(social states)에 대한 사회적 순위(social ranking, R)는 다음과 같은 하나의 함수(a function)로 표시될 수 있다.

$$R = f(\{R_i\}). \tag{1}$$

즉, 사회적 순위(R)는 사회적 상태들(i, $i=1, 2, \cdots, n$)에 대한 n개의 개별 순위들($\{R_i\}$)의 함수이다. 여기서 '함수 관계'를 나타내는 f는 "집단적 선택 규칙"(collective choice rule)을 나타내며, 이는 애로우의 "사회후생함수"(social welfare function, SWF)를 말한다. 애로우의 '사회후생함수'가 성립하려면 R뿐만 아니라 각각의 R_i가 (존재 가능한) 사회적 상태들에 대해 '완전한 순위'(complete ordering)를 매길 수 있어야만 한다.[17] 아래 논의에서는 특히 '사회후생함수'(SWF)에 대해 직접적으로 적용하겠지만, 대부분의 논의는 '일반적인' 집단적 선택 규칙에 적용할 것이다.

정보적 포괄성과의 충돌 문제[18]는 애로우의 불가능성 정리가 가진 주요 특징이다. 따라서 '사회후생함수의 형식적 표현 과정에서 단순히 '정보적 제한'(informational restriction)을 가함으로써 불가능성 결과가 발생하지 않을 것이다'라는 사실을 확인하는 것이 중요하다. 이와 관련하여 우리는 다음 질문을 제기해 볼 수 있다. 즉, 애로우의 이러한 일반적인 형식(분석 틀)이 '정보적 측면'에서 얼마나 '포괄적'(inclusive)인가? 다시 말하면, 애로우의 일반적인 형식이 사회적 선택 과정에서 포함(고려)될 수 있는 정보와 관련하여 얼마나 '포괄적'인가? 이 질문에 효과적으로 대답하려면 (1) ('선호 순위에 대한 정보'를 포함하여) 일반적 의미에서의 "효용 정보"(utility information, 즉 '효용에 대한 정보')와 (2) 사회적 상태들이 가진 다른 특징들과 관련된 "비효용 정보"(non-utility information, 즉 '비효용에 대한 정보')를 구분하는 것이 필요하다. 우선, 다음 사실은 쉽게 확인할 수 있다. 즉, 사회후생함수에 포함될 수 있는 효용 정보는 상당히 '제한적'이지만, 사회후생함수에서 '비효용 정보'의 허용을 제한하는 것은 아무것도 없다. 이제 효용 정보와 비효용 정보에 대해 구체적으로 살펴보기로

17 '집단 선택 규칙들'(collective choice rules)은 상이한 유형을 가지고 있다. 상이한 유형의 '집단 선택 규칙들'은 서로 구분될 수 있고, 또 개별적으로 연구될 수 있다. 이에 대해서 Sen(1970a)이 자세히 논의한 바 있다. 또한 집단 선택 규칙과 관련한 상이한 분류 체계를 보려면 Fishburn (1973), Kelly(1978), Suzumura(1983) 등을 참고하기 바람.

18 [역자주] 즉, 정보적 포괄성의 배제.

하자.

먼저, 사회후생함수에 허용(포함)될 수 있는 '효용 정보'의 성격을 살펴보기로 한다. (1)식에서 $f(\{R_i\})$의 함수 형태는 '효용의 개인 간 비교'를 허용하지 않는다.[19] 이것은 확실히 '초기 정보적 제한'에 해당된다. 애로우는 사회 선택 문제를 초기에 형식화하는 과정에서 "효용의 개인 간 비교(interpersonal comparison of utilities)가 아무런 의미가 없다"(Arrow, 1951, p. 9)는 견해에 영향을 받았다. 이러한 견해는 당시 후생경제학에 영향을 미친 실증주의 철학에서 보편적으로 인식되었다. 이러한 사회 선택 분석 틀에 사용(포함)될 수 있는 효용 정보는 '각 개인들의 n개의 개별 선호들(또는 효용 순위들)'로 구성되어 있다. 이러한 제한은 확실히 중대한 '정보적 배세'(informational exclusion)이다. 왜냐하면 그러한 제한은 사회후생함수의 여러 구성적 가능성들을 없애 주기 때문이다(이에 대해서는 센(1970a)을 참고하기 바람).

그러나 '비효용 정보'의 경우 놀랍게도 $f(\{R_i\})$ 형태의 사회후생함수는 '효용의 개인 간 비교'를 허용하고 있다. 그 결과 애로우의 일반적 분석 틀(형식)은 사회적 상태들에 대한 정보적 내용(informational content)에 민감하게 반응할 수 있다. 또한 정보적 내용에 실질적인 '포괄성'이 존재한다. 그러나 (1)식을 형식화하는 과정에서 n개의 개별 선호들($\{R_i\}$)이 사회 선택 과정에서 '유일한 투입요소'이어야 한다는 조건이 필요하다. 이러한 형식화가 가져다주는 의미는 중

19 또한 이러한 분석 틀에서는 '기수적 효용'(cardinal utility) – 비교 가능하든 또는 비교 불가능하든지 관계없이 – 이 허용되지 않는다. 그러나 이것은 '애로우의 불가능성 정리'에 대한 중요한 제약요인이 아니다. 왜냐하면 그러한 결과는 '비교 불가능한' 기수적 효용의 경우로 확장될 수 있기 때문이다(이에 대해서는 Sen(1970a)의 〈정리 8.2〉를 참고하기 바람). 그러나 그러한 결과는 사회적 선택 규칙(social choice procedures)의 '종류'를 크게 제한한다(이에 대해서는 Gevers(1979)와 Roberts(1980a)를 참고하기 바람).

요하다. 왜냐하면 그러한 의미는 '최근 사회선택이론'에 매우 중요하기 때문이다. 최근 사회선택이론은 자유, 권리, 정의, 공평, 빈곤 등과 관련된 '비효용적 정보'를 사용(고려)하고 있다.

그러므로 사회적 상태들에 대한 '정보적 내용'은 제멋대로 제한되어서는 안 되며, 사회후생함수는 사회적 상태들과 관련된 어떠한 정보도 가질 수 있다. 이에 대해 좀 더 분명하게 설명해 보자. (1)식에서 주어진 $R=f(\{R_i\})$ 가정 하에서 사회적 상태들에 대한 사람들의 개별 선호($\{R_i\}$)가 사회적 상태들의 어떤 특징에 반응하지 않으면 당해 사회적 상태들의 '특징'은 사회적 상태들에 대한 '사회적 선택'에 영향을 미칠 수 없을 것이다. 다시 말하면, 사회적 상태들에 대한 사람들의 개별 선호($\{R_i\}$)가 사회적 상태들의 어떤 특징에 반응한다면 당해 사회적 상태들의 '특징'은 사회적 상태들에 대한 '사회적 선택'에 영향을 미칠 수 있을 것이다.

역자 해설

사회적 상태들의 어떤 '특징'은 → 사회적 상태들에 대한 사람들의 '개별 선호'에 영향을 미치고 → 사회적 상태들에 대한 '사회적 선택'에 영향을 미친다.

이러한 해석 하에서 다음 경우를 생각해 보자. 즉, 만약 어떤 사회적 상태에 대한 하나의 '특징' – 예를 들면, 소득불평등 수준, 자유의 위반, 또는 시민권의 침해 등 – 이 '사회적 선택'에 직접적으로 영향을 미친다면, 그것은 아마 그러한 특징이 사회적 상태들에 대한 사람들의 개별 선호에 미치는 영향을 통해서일 것이다.

> **역자 해설**
>
> 자유(=사회적 상태)의 '침해'(=사회적 상태의 특징)는 → 자유에 대한 사람들의 '개별 선호'에 영향을 미치고 → 자유에 대한 '사회적 선택'에 영향을 미친다.

사실상 이러한 해석 하에서 사회적 상태들의 '특징'은 사람들의 개별 선호 이외의 다른 경로를 통해서는 '사회적 선택'에 영향을 미칠 수 없다! 다시 말하면, 이러한 해석 하에서 사회적 상태들의 '특징'은 사람들의 개별 선호를 통해서만 '사회적 선택'에 영향을 미칠 수 있다.

그러나 이러한 해석은 정확하지 못하다. 왜냐하면 비록 어떤 사회후생함수가 R과 $\{R_i\}$ 간에 하나의 함수관계를 가지지만, 함수관계(f)의 성격이 사회적 상태들에 포함된 어떤 정보에 반응하는 것을 금지하는 수학적 조건이 존재하지 않기 때문이다. 사람들의 개별 선호(individual preference)에 대한 순위들(orderings)은 실재(實在)의 사회적 상태들에 대한 순위(rankings)를 나타낸다. 따라서 사회적 상태들에 대한 '정보'는 n개의 개별 선호들의 집합과 함수 f에 의해 결정되는 사회적 순위들의 집합 간의 사상(寫像, mapping)[20]을 결정하는 데 고려될 수 있다.

---

20 [역자주] 공간의 일점에 대하여 다른 공간 또는 동일한 공간의 일점을 일정한 법칙에 따라 대응시키는 일.

이러한 형태는 공리들이 사회후생함수에 미치는 영향을 통해 정보적으로 더 제한적일 수 있다. 그러나 실제로 이러한 경로를 통해서 모든 비효용 정보의 직접적 사용 가능성을 제거할 수 있으며, 그 결과 사회적 상태들이 가진 '특징'은 전적으로 중요하지 않게 된다. 따라서 "사회적 상태들에 대한 '사회적 선택'은 사회적 상태들에 대한 사람들의 '개별 선호 순위'에 의해서만 결정될 것이다". 이러한 조건을 때때로 "중립성"(neutrality) 조건이라고 부른다. 이 조건은 사회적 상태들에 대한 모든 비(非)효용(또는 비(非)선호) 정보의 영향을 "중립화", 즉 '제거하는' 역할을 한다. 이제 이 조건 하에서 다음과 같은 주장을 도출할 수 있다. 즉, 사회적 상태들에 대한 사회적 선택은 사회적 상태들의 특징(즉, 사회적 상태들에 대한 비효용 또는 비선호 정보)은 고려하지 않고 오직 사회적 상태들에 대한 사람들의 '개별 선호'만 기초로 해서 결정되어야 한다.

도덕 철학의 연구 문헌들에서 보면 이러한 "중립성" 조건과 이와 유사한 조건들은 때때로 "후생주의"(welfarism)라고 불린다(이에 대해서는 센과 윌리엄스(Sen and Williams, 1982)를 참고하기 바람). 그러나 이 용어는 '사회선택이론'에서도 자주 사용되고 있다. 사회선택이론에서 협의적으로 정의하면, 후생주의는 "사회후생(social welfare, 또는 '사회적으로 극대화되는 어떤 것'(social maximand)이라도 가능함)이 오직 개인 효용들에만 의존해야 한다"는 것을 의미한다. 따라서 사회적 상태들의 다른 특징들은 '사회후생'(또는 '사회적으로 극대화되는 어떤 것')에 직접적인 영향을 미치지 않는다. 후생주의를 좀 더 광의적으로 정의하면 다음과 같다. 즉, 후생주의는 "중립성"에 해당하며, "사회적으로 극대화되는 어떤 것(social maximand, 협의적인 경우에 '사회후생'을 말함)이 오직 개인 효용들(individual utilities), 또는 개인 후생들(individual welfares), 또는 사회적 상태들의 가치에 대한 개인의 평가들(individual evaluations)에만 의존해야 한다". 이는 좀 더 포괄적인 정의이다.

이러한 광의의 정의에 따르면 '후생주의'는 '매우 풍부한(포괄적인) 효용 정보'(예를 들면, 개인들 간에 비교 가능한 기수적 효용의 경우)와 결합할 수 있다. 이러한 정보의 풍부성(포괄성)은 '후생경제적 평가'뿐만 아니라 '규범적 사회 판단'에도 중요하다.[21] 그러나 후생주의가 앞의 (1)식과 같은 사회후생함수[22]에 적용될 때 후생주의는 '매우 적은 효용 정보'(예를 들면, 개인들 간에 비교 불가능한 서수적 효용의 경우)와도 결합할 수 있다.

마지막으로 중립성(또는 후생주의) 조건과 애로우 정리는 어떤 관련성을 가지고 있는지를 생각해 보자. 불행히도 애로우는 사전적(또는 공리적) 조건으로서 '중립성'이나 '후생주의'에 전혀 주목하지 않았다. 애로우의 정리에서 '중립성' 또는 '후생주의'는 단지 다른 조건들의 부수적 의미로서 나타났을 뿐이다. 그럼에도 불구하고 애로우 자신도 예상치 못했던 '불가능성 결과'(애로우는 자신의 결과를 "일반 가능성 정리"(general possibility theorem)라고 명명하려 했음)의 상당 부분도 중립성 또는 후생주의와 관련되어 있다.[23]

---

21 이러한 일반적 문제는 센의 여러 논문들(1970a, 1977a, 1999)에서 자세히 논의되고 있다.

22 [역자주] 즉, (1)식의 사회후생함수는 n개의 개인 선호들로부터 개인 '효용' 정보만 사용한다.

23 '애로우의 불가능성 정리'가 종종 "투표 역설"(paradox of voting)의 '일반화'라고 간주되기 때문에 이러한 주장은 단지 '부분적으로만 사실'이라는 점에 주목할 필요가 있다. 특히, '투표 규칙들이 반드시 '중립성' 조건을 충족시켜야만 한다'는 사실을 인식해야 한다. 그러나 (1) 애로우의 사회후생함수(SWF)의 형태뿐만 아니라 (2) 사회후생함수에 가해진 애로우의 개별 공리들 중 어떤 공리도 '중립성 조건'을 요구하지 '않고' 있다. 따라서 우리는 공리들의 "결합"(combination)을 통해 '중립성 조건'을 충족시킬 수 있다. 사실상 '애로우의 불가능성 정리를 증명하는 데 가장 중요한 일'은 바로 "상이한 공리들의 "결합"을 통해 '중립성 조건'을 유도하는 일이다"라고까지 주장할 수 있다. 이에 관해서는 아래에서 설명할 〈보조정리 1〉을 참고하기 바람.

4. 공리적 배제와 애로우의 불가능성 정리

1) 애로우 정리의 수립

이제 이러한 관점에서 '애로우의 불가능성 정리'(Arrow's impossibility theorem)를 수립하고, 이를 간단하게 증명해 보기로 한다. 이는 다음 두 가지 이유로 유익한 일이다. 첫째, 애로우의 불가능성 결과는 사회선택이론의 핵심이기 때문이다. 둘째, 엄격하지 않은 간결한 몇 가지 공리들이 결합해서 어떻게 매우 엄격한 '정보적 제한 요인들'(informational constraints)이 될 수 있는지를 보여 주기 때문이다. 먼저, 애로우는 몇 가지(네 가지) 타당성 있는 조건(공리)들을 가정했다. 그러한 조건(공리)들은 'n개의 개인 선호들'(individual preferences)과 '사회적 선택'(social choice)을 함수적으로 연결하는 데 중요한 역할을 하였다. 다음으로, 애로우는 "그러한 조건(공리)들을 동시에 충족시키는 것은 '불가능' 하다"는 불후의 '불가능성 정리'를 증명해 보였다.

애로우가 최초에(1951년) 사용한(가정한) 공리들은 (1) 무제한적인 선택 범위(unrestricted domain), (2) 약(弱)파레토 원칙(weak Pareto Principle), (3) 비독재성(nondictatorship), (4) 무관한 선택 대안들로부터의 독립성(independence of irrelevant alternatives)이었다(애로우는 나중에(1963년) 이보다 좀 더 간결한 조건들을 가정하였다). 애로우는 물론 몇 가지 '구조적인'(기본적인) 조건들도 가정하였다. 즉, (1) 사회 내 사람들의 수(집합)는 유한해야 하며, (2) 사회적 상태들은 최소한 세 개의 상이한 상태들(예를 들면, x, y, z)이 존재해야만 한다. 이러한 네 가지 공리들과 기본 조건들을 바탕으로 다음을 정의해 보기로 한다. 먼저, 우리는 xR_iy를 '개인

i가 사회적 상태 y보다 x를 약선호한다'고 정의하기로 한다(여기서 '약선호'란 기호적으로 $\succsim$를 말하며, 이는 'y보다 x를 강선호하거나($x>y$), 또는 x와 y 간에 무차별하다($x \approx y$)'는 것을 의미한다). 다음으로, 우리는 xP_iy를 '개인 i가 사회적 상태 y보다 x를 강선호한다'고 정의하기로 한다(여기서 '강선호'란 기호적으로 $>$를 말하며, 이는 'y보다 x를 강선호한다($x>y$)'는 것을 의미한다). 마지막으로, 우리는 '사회적' 약선호와 '사회적' 강선호를 각각 R과 P로 나타내기로 한다(반면에 '개인적' 약선호와 '개인적' 강선호는 각각 R_i와 P_i로 표시하였다. 여기서 R_i와 P_i에 하첨자 i가 있음에 유의하기 바람).

애로우가 가정한 네 가지 공리들은 다음과 같이 정의된다. 첫째, '무제한적인 선택 범위'(U)란 "사회후생함수(즉, (1)식의 f)의 선택 범위(domain, 즉 수학적으로 변역(變域)을 말함)는 n개의 개인 선호들($\{R_i\}$) 모두를 포함해야 한다"는 것을 의미한다. 둘째, '약파레토 원칙'(P)은 "사회 내 모든 사람들이 y보다 x를 선호하면 사회적으로도 y보다 x가 선호되어야 한다"는 것을 말한다. 셋째, '비독재성'(ND)은 "어떤 한 사람 j의 선호가 너무 강해서 사회후생함수(f)의 선택 범위 내에서 그(또는 그녀)가 y보다 x를 선호하면 사회적으로도 y보다 x가 강선호되는 경우가 발생하지 않아야 한다"는 것을 말한다. 마지막으로, '무관한 선택 대안들로부터의 독립성'(IIA)은 "어떤 두 선택안 $\{x, y\}$의 사회적 순위는 두 선택안 $\{x, y\}$에 대한 사람들의 개별 선호에만 의존해야 한다"는 것을 말한다. 이제 네 가지 공리들에 대한 이러한 개념 정의를 바탕으로 '애로우의 불가능성 정리'는 다음과 같이 정의된다. 즉, '애로우의 불가능성 정리'는 "네 가지 공리들(즉, U, P, ND, IIA)을 동시에 충족시키는 사회후생함수(f)는 존재하지 않는다". 환언하면, "어떠한 사회후생함수(f)라도 네 가지 공리들(즉, U, P, ND, IIA)을 동시에 충족시킬 수 없다".

애로우 정리의 증명을 간편하게 하기 위해 '추가적으로' 다음을 정의하기로 한다. 우선, 두 가지 선택 대안으로 구성된 순서쌍(ordered pair, 즉 두 가지 선택 대안들)인 {*x*, *y*}에 대해 사회적 순위를 결정하는 데 "결정적"(decisive)인 역할을 하는 사람들의 집합을 *G*라 하자.[24] 이를 "*DG*(*x*, *y*)"(즉, "두 가지 선택 대안인 {*x*, *y*}에 대해 사회적 순위를 결정하는 데 "결정적"인 역할을 하는 사람들")라고 표시한다면(여기서 DG는 decisive group(결정적 집단)을 나타냄) *DG*(*x*, *y*)는 다음과 같이 정의된다. 즉, "사회적 순위를 결정하는 데 '결정적'인 역할을 하는 사람들(*G*) 내에 들어 있는 모든 사람들이 *y*보다 *x*를 선호한다면, (결정적인 역할을 하지 않는) 다른 사람들이 무엇을 선호하든 관계없이, 사회적으로도 *y*보다 *x*가 선호되어야 한다(이는 앞에서 정의한 *xPy*로 표현할 수 있다. 여기서 *P*는 '사회적' 강선호를 나타낸다)". 또한 두 선택안 {*x*, *y*}를 포함하여 모든 순서쌍(예를 들면, {*y*, *z*} 또는 {*z*, *x*} 등)에 대해 *G*(= '결정적'인 역할을 하는 사람들)가 '결정적인 역할'을 하면 *G*는 단순히 "결정적 집합"이라고 부르며, 이를 *DG*로 표시한다. 마지막으로, 이러한 정의를 이용하여 '비독재성 공리'와 '약파레토 원칙'을 다음과 같이 다시 정의할 수 있다. 즉, '비독재성 공리'는 "어떠한 개인도 사회적 순위를 결정하는 데 '결정적인 역할'을 해서는 안 된다"는 것을 말한다. 반면에 '약파레토 원칙'은 "모든 개인들은 사회적 순위를 결정하는 데 '결정적인 역할'을 해야 한다"는 것을 의미한다. 따라서 두 공리들 간에 '충돌'이 발생함을 알 수 있다. 본 증명에서는 아래에서 기술되는 두 보조정리(lemma)를 이용하여 '약파레토 원칙'으

---

24 [역자주] 두 가지 선택 대안인 {*x*, *y*}에 대해 사회적 순위를 결정하는 데 "결정적"인 역할을 하는 사람들은 한 명(독재자) 또는 여러 명이 존재할 수 있다.

로부터 시작하여 '독재'(dictatorship)에 도달하게 됨을 보여 주고자 한다.[25] 두 보조정리는 묵시적으로 '정보적 배제들'(informational exclusions)을 의미한다.

2) 애로우 정리의 증명

본장에서는 다음 두 보조정리를 이용하여 '애로우의 불가능성 정리'를 간단하게 증명하고자 한다.

[보조정리 1] 만약 어떤 순서쌍(즉, 두 가지 선택 대안)인 $\{x, y\}$에 대해 사회적 순위를 결정하는 데 '결정적'인 역할을 하는 사람들인 $DG(x, y)$가 존재하면 '모든 순서쌍'에 대해 사회적 순위를 결정하는 데 '결정적'인 역할을 하는 사람들인 DG도 존재한다.

이러한 보조정리를 입증하기 위하여 우리는 다음 관계를 증명해야 한다. 즉, 모든 a와 b에 대해 $DG(x, y) \rightarrow DG(a, b)$임을 증명해야 한다. 이 증명은 본질적으로 상이한 경우들에 적용되는 전략과 동일한 전략을 반복적으로 적용하면 된다. 각 경우는 x 또는 y가 b 또는 a와 같은지의 여부에 달려 있다. 먼저, x, y, a, b의 네 가지 사회적 상태들이 모두 상이한 경우(즉, $x \neq y \neq a \neq b$의 경우)를

25 여기서 유도한 간단한 증명은 Sen(1995, functions 9 and 10, p. 4)의 증명과 동일하다(A. K. Sen(1995), "Rationality and social choice," *American Economic Review*, Vol. 85). Sen(1995)의 증명은 Arrow(1951, 1963)와 Sen(1970a)이 가정한 "거의 결정적"(almost decisiveness)이라는 중간 개념을 도입할 필요성을 제거해 준다. 왜냐하면 Sen(1995)의 경우 '거의 결정적'이라는 개념이 필요 없기 때문이다.

고려해 보자. 둘째, 사람들의 개인 선호들은 다음 두 가지 패턴을 가지고 있다고 가정해 보자. 즉, (1) G 안에 들어 있는 모든 개인들 j(즉, 사회적 순위를 결정하는 데 '결정적'인 역할을 하는 사람들)에 대해 aP_jx, xP_jy, yP_jb의 관계가 존재한다. (2) G 안에 들어 있지 않은 모든 개인들 i(즉, 사회적 순위를 결정하는 데 '결정적'인 역할을 하지 못하는 사람들)에 대해서는 aP_ix, yP_ib의 관계가 존재한다(다른 순서쌍들의 순위에 대해서는 가정하지 않는다). 셋째, $DG(x, y)$의 정의에 의해 xPy를 도출하고, 약파레토 원칙에 의해 aPx와 yPb를 도출한다. 따라서 강선호의 이행성 관계에 의해 aPb를 도출할 수 있다: 즉, $aPx \rightarrow xPy \rightarrow yPb \Rightarrow aPb$. 넷째, 무관한 선택 대안들로부터의 독립성(IIA) 공리에 의해 aPb는 반드시 순서쌍 $\{a, b\}$에 대한 개인 선호들에만 의존해야 한다. 마지막으로, G 안에 들어 있는 사람들의 선호만 고려되기 때문에 $DG(a, b)$만 존재한다. 따라서 $DG(x, y)$의 관계로부터 $DG(a, b)$의 관계가 존재(성립)함을 알 수 있다. 즉, 모든 a와 b에 대해 $DG(a, b)$의 관계가 존재한다. 여기서 $DG(a, b)$는 정의상 DG(= '모든 순서쌍'에 대해 사회적 순위를 결정하는 데 '결정적'인 역할을 하는 사람들)이다.

> **[보조정리 2]** 어떤 G에 대하여 (1) DG가 존재하고, (2) G 속에 한 명 이상의 사람들이 존재하고, 그 결과 G를 G_1과 G_2로 분할할 수 있다면(여기서 G_1과 G_2는 공집합이 아니어야 함), DG_1 또는 DG_2가 존재한다.

이 정리는 다음과 같이 증명된다.

먼저, 다음 두 가지 가정이 필요하다. 첫째, 사람들의 개인 선호들은 다음 두 가지 패턴을 가지고 있다고 가정한다. 즉, (1) G_1 안에 들어 있는 모든 개인들 i에 대해 xP_iy와 xP_iz의 관계가 존재한다(여기서 y와 z의 순위는 어떠하든 상관없다). (2) G_2 안에 들어 있는 모든 개인들 j에 대해 xP_jy와 zP_jy의 관계가 존재한다(여기서 x와 z의 순위는 어떠하든 상관없다). 이제 이러한 xP_iy, xP_iz, xP_jy, zP_jy의 관계를 이용하여 [보조정리 2]를 증명할 것이다. 둘째, G(즉, G_1과 G_2) 안에 들어 있지 않은 사람들의 선호는 필요하지 않다.

다음으로, 이러한 가정 하에서 [보조정리 2]를 다음과 같이 증명한다. 첫째, G의 '결정성'에 의해 xPy의 관계가 성립한다(즉, xP_iy와 xP_jy의 가정에 의해 xPy가 성립함). 따라서 만약 xPz이면 G_1집단은 $\{x, z\}$에 대해 '결정적인' 역할을 할 것이다. 왜냐하면 G_1 안에 들어 있는 사람들만이 확실히 z보다 x를 선호하기(즉, 가정에 의해 xP_iz 관계가 성립함) 때문이다(다른 사람들의 $\{x, z\}$에 대한 순위는 어떠하든 상관없다). 둘째, 그러나 만약 G_1이 '결정적인' 역할을 하지 못한다면(즉, G_1 안에 들어 있는 사람들이 결정적인 역할을 하는 사람들이 아니라면) G_1에 속하지 않는 사람들의 $\{x, z\}$에 대한 일부 선호들은 (xRz가 아니라) zRx가 되어야 한다. 여기서 우리는 이 경우(즉, zRx인 경우)를 고려하기로 한다. 따라서 우리는 zRx와 xPy (즉, 위에서 정의한 G의 '결정성' 조건)의 관계를 가진다. 그 결과, 선호의 이행성에 의해 zPy가 성립한다: 즉, $zRx \rightarrow xPy \Rightarrow zPy$. 셋째, G_2의 경우를 살펴보자. G_2 안에 들어 있는 사람들만이 $\{y, z\}$에 대해 확실히 y보다 z을 선호하기(즉, 가정에 의해 zP_jy 관계가 성립함) 때문에 이는 곧 $\{y, z\}$에 대해 G_2가 '결정적인' 역할을 한다는 것을 의미한다. 또한 [보조정리 1]에 의해 G_2는 일반적으로 '결정적인' 역할을 한다. 따라서 이제까지의 증명을 종합하면, G_1 또는 G_2는 '결정적인' 역할을 하는 집단이다. 이는 곧 DG_1 또는 DG_2임을 의미한다.

이제 이러한 두 보조정리를 이용하여 우리는 '애로우의 불가능성 정리'를 다음과 같이 매우 간단하게 증명할 수 있다. 첫째, '약파레토 원칙'에 의해 "모든 사람들은 사회적 순위를 결정하는 데 '결정적인' 역할을 할 수 있다". 둘째, 기본 가정에 의해 사회 내 사회적 순위를 결정하는 데 참가하는 사람들의 수는 '유한'하다. 셋째, 유한한 사람들을 두 개의 집단으로 분할하고, 각 집단에서 '결정적인 역할을 하는 사람들'을 선발한다([보조정리 2]에 의해 이러한 사람들은 반드시 존재한다).[26] 마지막으로, 이러한 과정을 거쳐 우리는 '한 명의 결정적인 역할을 하는 개인'(a decisive individual)에 이르게 된다. 여기서 한 명의 결정적인 역할을 하는 개인은 곧 '독재자'이며, 이는 "비독재성" 공리에 위배된다! 마침내 우리는 두 보조정리를 이용하여 '독재'에 도달하게 되었다. 이러한 결과는 "어떠한 사회후생함수라도 네 가지 공리를 동시에 충족시키는 것이 불가능하다"(또는 "네 가지 공리를 동시에 충족시키는 사회후생함수는 존재하지 않는다")는 것을 의미한다.

3) 애로우 정리의 증명에 대한 해석

이제까지 우리의 증명은 '정보적 배제(informational exclusion)를 순차적으로 증가시키는 방식'에 기반을 두고 진행되어 왔다. 즉, 정보적 배제를 '작게' 해서 시작한 후[27] 배제를 순차적으로 증가시키면 마지막에는 '큰' 배제로 끝나게[28] 된다. 다시 말하면, '약파레토 원칙'[29]에서 시작해서 궁극적으로 '한 명의

26 [역자주] '결정적인 역할을 하는 사람들'은 한 명 또는 다수가 될 수 있다.
27 [역자주] 즉, '약파레토 원칙'에서 시작하여.
28 [역자주] 즉, '독재자'에 이르게.
29 [역자주] 즉, 정보적 배제가 작은 경우.

독재자'[30]가 나타나게 되었다. 또한 두 선택 대안 x와 y에 대한 사회적 순위를 결정하는 데 '무관한 선택 대안들로부터의 독립성 조건'은 관련된 선호(또는 효용) 정보뿐만 아니라 다른(비선호 또는 비효용) 정보들의 이용을 배제하는 역할을 한다.[31] 바꿔 말하면, '무관한 선택 대안들로부터의 독립성 조건'은 오직 "관련된" 선택 대안들에 대한 정보만, 즉 x와 y와 직접적으로 관련되어 있는 정보만 이용(고려)한다는 것을 의미한다. [보조정리 1]의 증명에서 보았듯이, (1) 정보적 배제를 작게 해서 시작하고, (2) 무제한적인 선택 범위와 '약파레토 원칙'을 보강 · 사용함으로써, 마침내 우리는 [보조정리 1]의 결과에 도달하게 되었다. 즉, [보조정리 1]에 따르면 "어떤 두 사회적 상태들(예를 들면, 사회적 상태 x와 y)에 대한 사회적 순위를 결정하는 데 '결정적인'(socially decisive) 역할을 하는 어떤 집단은 '모든' 다른 두 사회적 상태들(예를 들면, y와 z 또는 z와 x)에 대해서도 사회적으로 '결정적인' 역할을 해야만 한다". 따라서 사람들의 선호(individual preferences)를 바탕으로 '결정성'(사회적 순위 결정에 결정적인 역할을 할지의 여부)을 판단하는 경우에 각 사회적 상태들에 대한 다른 특정 정보들 – 이러한 정보는 풍부할 수 있음 – 은 '결정성'에 아무런 영향을 미치지 못할 것이다.

또한 우리는 [보조정리 1]에서 증명된 '정보적 배제'를 바탕으로 [보조정리 2]에 대한 증명을 전개하였다. [보조정리 2]에서도 선호 정보만 이용(고려)하였다. [보조정리 2]에 따르면 "만약 어떤 집단(집합) G에 속한 사람들의 '만장일치적 선호'(unanimous preference)에 대한 정보(여기서 다른 사람들의 선호는 어떠하든 상

30 [역자주] 즉, 정보적 배제가 큰 경우.
31 [역자주] 사회적 순위를 결정할 때 '무관한(irrelevant) 선택 대안들에 대한 정보를 배제한다'는 것은 곧 '정보적 제한'에 해당된다.

관없음)가 사회적 상태들에 대한 순위를 결정하는 데 충분하다면, 집단(집합) G에서 파생된 어떤 진부분집합 G^*(예를 들면, [보조정리 2]에서의 G_1 또는 G_2처럼)에 속한 사람들의 '만장일치적 선호'에 대한 정보도 사회적 순위 결정에 충분할 것이다". 이러한 순차적 정보 이용을 통하여 우리는 '모든 사람들의 만장일치적 강선호의 결정성'(즉, "민주주의 사회에서 모든 사람들이 사회적 순위를 결정하는 데 '결정적인' 역할을 한다"는 것을 의미하며, 이는 곧 '약파레토 원칙'을 말함)으로부터 "어떤 한 사람(즉, '독재자')의 강선호의 결정성"(즉, "사회 내 어느 한 사람이 사회적 순위를 결정하는 데 '결정적인' 역할을 한다"는 것을 의미하며, 이는 곧 '비독재성 공리의 위반'을 말함)에 도달할 수 있다. 따라서 기본적인 민주적 책무에 속하는 '정보적 포괄성'(informational inclusiveness)은 심각한 '내적 모순'(internal contradiction)에 빠지게 된다. 왜냐하면 "차별 없이(평등하게) 모든 사람들에게 '결정적인 역할을 할 수 있는 권한'(결정권)을 부여함으로써(이는 약파레토 원칙에 반영되어 있음) 궁극적으로 (다른 사람들이 무엇을 원하든 상관없이) 한 사람(즉, '독재자')에게만 결정적 권한을 부여해 주는 결과"가 초래되기 때문이다.[32)]

논의의 요약[33)]

(1) 불가능성 정리의 증명 방식: 정보적 배제를 순차적으로 증가시키는 방식을 사용함.

32 [역자주] 즉, "To empower *all* without discrimination(as incorporated in the weak Pareto Principle) is to empower *one*, or a dictator, irrespective of what others want".
33 [역자주] 역자가 만든 것임.

(2) 불가능성 정리의 증명: 약파레토 원칙에서 시작하여 → 무관한 선택 대안들로부터의 독립성 조건과 무제한적인 선택 범위 조건을 이용하여 → "독재자"가 존재하는 결과가 초래됨!(즉, 비독재성 조건이 충족되지 않음!)

(3) 민주주의의 모순: 모두가 평등한 '약파레토 원칙'에서 출발하였으나 → 한 명의 '독재자'가 발생하는 결과가 초래됨!

5. 효용 정보의 풍부화와 사회적 선택 가능성[34)]

앞에서 우리는 두 가지 유형의 '정보적 배제'(informational exclusion)에 대해 설명하였다. 첫 번째 유형은 '전제적 배제'(antecedent exclusion)이고, 두 번째 유형은 '결과적 배제'(entailed exclusion)이다. 먼저, '전제적 배제'는 개인 간 효용의 비교 가능성(interpersonal utility comparability)과 효용의 기수성(cardinality)을 허용하지 않는 전제를 통해 [35)] 이루어지며, 이러한 배제는 사회후생함수(SWF)를 형식화하는 데 직접적으로 반영되어 있다. 반면에 '결과적 배제'는 애로우의 공리들을 통해 이루어지며, 이는 '비효용 정보(non-utility information)의 배제'를 말한다. 따라서 정보적 배제에는 (1) 개인 간 효용의 비교 가능성과 효용의 기수성(基數性)을 허용하지 않는 전제(또는 개인 간 효용의 비교 불(不)가능성과 효용의 서수

34 [역자주] 원문에서는 '사회적 선택 가능성을 위한 효용 정보의 풍부화'라고 표현되어 있음.
35 [역자주] 즉, 개인 간 효용의 비교 불가능성과 효용의 서수성을 전제함으로써.

〈표 1〉 정보적 배제 유형, 방식 및 특징

정보적 배제 유형	배제 방식	특징
전제적 배제	개인 간 효용의 비교 가능성과 효용의 기수성을 허용하지 않는 전제를 통해 정보가 배제됨(즉, 개인 간 효용의 비교 불가능성과 효용의 서수성을 전제로 함).	'사회후생함수'를 형식화하는 데 직접적으로 반영되어 있음.
결과적 배제	애로우의 공리들을 통해 정보가 배제됨.	'비효용' 정보에 대해 적용됨.

주: 역자가 만든 표임.

성(序數性)을 허용하는 전제)를 통해 사회후생함수의 형식화 과정에 직접적으로 반영되어 있는 '전제적 배제'와 (2) 애로우의 공리들을 통해 '비효용' 정보에 대해 적용되는 '결과적 배제'가 있다. 결국, 이러한 정보적 배제들을 제거해서 사회적 선택 가능성을 달성하기(또는 애로우의 불가능성 정리를 피하기) 위해서는 관련된 효용 및 비효용 정보들을 풍부하게 할 필요가 있다. 그러면 정보들을 어떻게 풍부하게 할 수 있는가? 정보의 풍부화(informational enrichment)는 (1) 효용 정보(utility information)를 '풍부'하게 하거나, (2) 비효용 정보(non-utility information)를 '허용'하게 함으로써 달성할 수 있다.

전자의 방법(즉, 효용 정보를 풍부하게 하는 방법)은 1970년대 이후 '사회선택이론'에서 주로 연구되어 왔다.[36] 이에 대한 형식적 구조(formal structure)는 "사회후생범(汎)함수"(social welfare functional)로 표현된다.[37] '사회후생범함수'는

36 특히, Vickrey(1945)와 Harsanyi(1955)는 이미 오래 전에 이와 유사한 결과를 도출하였다. 즉, Vickrey(1945)와 Harsanyi(1955)는 (1) 기대효용(expected utility)을 바탕으로 정보를 사용하고, (2) 이를 개인 간 비교 가능한 기수적 효용(cardinal utility)으로 해석하여 '덧셈 형태'로 '사회후생의 가치'를 도출하였다.

37 [역자주] 영어로 function은 '함수'로 번역되고, functional은 "범(汎)함수"로 번역됨.

〈표 2〉 정보 풍부화의 방법, 구조 및 특징

정보 풍부화의 방법	형식적 구조	특징
'효용' 정보를 풍부하게 하는 방법(비효용 정보는 여전히 배제함)	사회후생'범'함수 이용	(1) 장점: 비일관성 문제가 발생하지 않음. 즉, 애로우의 불가능성 정리를 피할 수 있음. (2) 단점: 비효용 정보의 이용을 허용하지 않음.
'비효용' 정보를 허용하는 방법	(아래 제6절에서 논의됨)	(아래 제6절에서 논의됨)

주: 역자가 만든 표임.

"사회적 순위(R)가 n개의 개인 효용함수들($\{U_i\}$, $i = 1, 2, \cdots, n$)과 함수적으로 관계되어 있다"고 정의된다. 즉, "사회적 순위(R)는 n개의 개인 효용함수들($\{U_i\}$, $i = 1, 2, \cdots, n$)에 의존하고 있다".[38] 여기서 효용은 어떻게 측정하고, 어떤 유형의 효용(즉, 기수적 효용 또는 서수적 효용)을 사용하는가? 효용의 측정 가능성(measurability)과 기수성에 대한 '제한'은 사회후생범함수에 "불변성 조건들"(invariance conditions)을 가함으로써 규정(명시)될 수 있다.[39] 이를 바탕으로 우리는 다음 결과를 도출할 수 있다. 즉, "만약 애로우의 모든 공리들이 더 풍부한 효용 정보를 허용하는 "사회후생범함수"에 적용된다면 이들 모든 공리들은 동시에 충족될 수 있다". 즉, 더 풍부한 효용 정보를 허용하는 "사회후생범함수"에 애로우의 모든 공리들을 적용한다면 우리는 '불가능성 정리'를 피할 수

38 [역자주] 사회후생함수와 사회후생범함수의 차이에 유의하기 바람. 사회후생함수는 "사회적 순위(R)는 사회적 상태들에 대한 n개의 개인 선호들($\{R_i\}$, $i = 1, 2, \cdots, n$)의 함수"로 정의되고, 반면에 사회후생범함수는 "사회적 순위(R)는 n개의 개인 효용함수들($\{U_i\}$, $i = 1, 2, \cdots, n$)의 함수"로 정의된다.

39 '불변성 조건들'이 가지는 효과와 그 사용은 Sen(1970a, 1970b), d'Aspremont and Gevers(1977), Gevers(1979), Maskin(1979), Roberts(1980a) 등에 의해 연구되었다.

있다. 이러한 결과는 (1) 심지어 개인 효용들이 '서수적으로' 비교 가능한 경우에도 성립될 수 있고, (2) 심지어 기수성 조건이 존재하지 않더라도 성립될 수 있다. 또한 (3) 효용의 '기수적' 비교 가능성이 '허용'된다면 많은 다른 구성적 가능성들이 생길 수 있다.[40] 사회후생범함수의 적용을 통한 이러한 '확장들'은 사회선택이론뿐만 아니라 '후생경제학'과 '규범적 사회결정이론'에서도 매우 중요하다.

이러한 첫 번째 방법 – 즉, 비효용 정보는 여전히 배제(불허용)하면서 효용 정보만 풍부하게 하는 방법 – 은 즉각적으로 애로우의 불가능성 정리에서 나타나는 '비일관성(inconsistency, 또는 모순)의 문제'를 발생시키지 않는 장점을 가지고 있다. 다시 말하면, 이러한 방법은 애로우의 불가능성 결과를 피할 수 있다. 그러나 그러한 방법으로 애로우의 불가능성 정리를 피할 수 있지만, 그러한 방법은 여전히 비효용 정보의 사용을 허용하지 않는 단점을 가지고 있다. '비효용 정보'(non-utility information)는 권리(rights)나 자유(liberty), 불평등(inequality) 또는 공정(fairness) 등을 명시적으로 고려하는 데 필요하다(여기서 불평등이나 공정은 '비(非)후생주의적(non-welfarist) 측면'에서 평가한 것이다). 이와 같이 첫 번째 방법에서 비효용 정보를 허용(고려)하지 않는 것은 '잘못된' 일이다. 왜냐하면 이러한 규범들(즉, 권리, 자유, 불평등, 공정 등)은 사회적 선택 과정에서 매우 중요한 요인이기 때문이다. 또한 많은 "비중립적"(non-neutral) 관심사(정보)들은 매우 오랫동안 사회적 결정이나 선택에 대한 '비형식적인'(informal) 연구 문헌들에

---

40 이에 대해서는 Sen(1970a, 1977b), Hammond(1976, 1985), d'Aspremont and Gevers(1977, 2002), Arrow(1977), Maskin(1978, 1979), Gevers(1979), Roberts(1980a, 1980b), Suzumura(1983, 1996), Blackorby, Donaldson, and Weymark(1984), d'Aspremont(1985), Blackorby, Bossert, and Donaldson(2002), d'Aspremont and Mongin(2008) 등을 참고하기 바람.

서 주로 다루어져 왔다. 비록 형식적(formal) 사회선택이론이 (1) 보르다(1781)와 콩도르세(1785)의 선구적 연구, (2) 투표와 선거 방식에 대한 다른 수리적 분석, (3) 벤담(1789)을 비롯한 공리주의자들의 연구 등에 기초를 두고 있지만, 비효용 정보인 '정의'(justice)를 이해하고 해석하는 데 다른 혁신적 시도(연구)들이 이루어졌다. 그러나 '정의'(正義)에 대한 정보들은 '중립적인'(neutral) 선호 공간(preference space)에서 정의된 공리들 속에 충분히 고려(표현)되지 못했다. 예를 들면, '권리'(rights) 개념의 적절성과 범위는 메리 울스톤크래프트(Mary Wollstonecraft, 1790, 1792)와 토마스 페인(Thomas Paine, 1791)의 선구적 연구들에 의해 광범위하게 이루어졌다.[41] 또한 이들의 연구는 프랑스 혁명과 미국 독립 혁명에 영향을 미침으로써 '실질 정치'(practical politics)에 잘 반영되었다. 특히, 두 사건은 '기본 권리'(fundamental rights)라는 개념의 광범위한 사용을 가능케 하였다.

이러한 권리들의 일부는 관계된 사람들의 개인 선호와 관련된 '조건들'과 관계되어 있다. 예를 들면, 각 개인은 '자신의 자유의 "개인 소유지"(personal domain of liberty)에서 선호하는 것'이어야 한다. 그러나 여기서도 여전히 '비효용 정보'는 고려되지 않고 있다. 따라서 사람들의 자신의 '자유의 개인 소유지'에 대해 각 개인에게 더 많은 권능을 주기 위해 사회적 상태들에 대한 '비효용' 특징(정보)들이 반드시 고려되어야만 한다. 이러한 문제들은 고전적 사회

41 '권리'에 대한 광범위한 관련성은 Sen(2009)에서 자세히 논의되었다. 또한 M. Wollstonecraft (1790, 1792), *A vindication of the rights of man, in a letter to the right Honourable Edmund Burke; occasions by his reflections on the revolution in France*, 1790, and *A vindication of the rights of woman: with structures on political and moral subjects*, 1792; T. Paine(1791), *The rights of man: Being an answer to Mr. Burke's attack on the French Revolution*; (republished) *The rights of man*, London: Dent, 1906 and New York: Dutton, 1906 등도 참고하기 바람.

선택이론의 형식화 과정에서는 명시적으로 고려되지 않았다. 그러나 이러한 문제들은 '최근의' 사회선택이론 연구 문헌들에서 두드러지게 나타나고 있다.[42]

6. 효용 정보와 비효용 정보의 '결합'

그러면 효용 정보와 비효용 정보를 "결합하면" 어떻게 되는가? 그러나 효용 정보와 비효용 정보를 결합할 때 몇 가지 중요한 문제들이 발생한다. 왜냐하면 두 정보의 완전히 상이한 역할이 '비일관성'(또는 모순)을 초래할 수 있기 때문이다. 실제로 이러한 비일관성 문제는 소위 '자유의 역설'(liberal paradox)을 해석하는 하나의 방법이다(즉, '비일관성'은 '자유의 역설'과 일맥상통한다). 왜냐하면 '자유의 역설'은 무제한적인 선택 범위(unrestricted domain), 자유에 대한 최소 조건(a minimal condition of liberty, 즉 사회적 상태들의 개별 특징을 나타내기 위해 최소한의 '비효용' 정보를 이용하는 것을 말함), 그리고 약파레토 원칙(즉, '효용' 정보의 최소한의 사용을 의미함)을 동시에 고려할 때 발생하는 '일관성 문제'(consistency problem)와 관련되어 있기 때문이다.[43] 실제로 "파레토 자유의 불가능성" (impossibility of Paretian liberal)이 '매우 단순한 경우'에도 이러한 갈등(비일관성)을

---

42 이에 대해서는 Arrow, Sen, and Suzumura(1996/1997)을 참고하기 바란다. 또한 *Handbook of Social Choice Theory*, Vol. 2의 여러 장들(chapters)을 참고하기 바란다. 특히, *Handbook of Social Choice Theory*, Vol. 2의 제7편에 수록되어 있는 W. Thomson, M. Fleurbaey, and F. Maniquet의 논문과 K. Suzumura의 논문을 참고하기 바람.

43 현재 '자유의 역설'에 대한 문헌들은 아주 많은 편이다. 특히, *Analyse & Kritik*의 '1996년 9월호'는 '자유의 역설'에 대한 좋은 논문들을 수록하고 있을 뿐만 아니라 광범위한 저서 및 출판 목록들을 소개하고 있다.

가져다준다. 또한 이러한 갈등은 사회적 상태들에 대한 '비효용' 정보의 실질적인 사용과 함께 더 풍부한 '효용' 정보를 사용하려 할 때에 훨씬 더 복잡해질 수 있다.

이러한 "혼합적"(hybrid) 분석 – 즉, 효용 정보와 비효용 정보를 '결합적으로' 사용하는 분석 – 은 아직까지 광범위하게 연구되지 않고 있다. 게다가 심지어 순전히 '비후생주의적인'(non-welfarist) 관점에서 사회적 선택의 원칙들이나 방식들을 고려하려 할 때조차도 '후생주의의 단순성'을 포기하려 하지 않으려 해왔다. 예를 들어, 존 롤스(John Rawls, 1971)의 유명한 '정의론'(theory of justice)을 고려해 보자. 롤스는 정의론에서 "자유의 우선"(priority of liberty)을 '제1원칙'(이는 실질적인 '비후생주의 조건'을 의미함)으로 삼았다. 또한 롤스는 "차별원칙"(difference principle)을 주장했다. 롤스는 '차별 원칙'에서 효용이 아니라 '기본재'(primary goods)의 공간에서 사전(辭典)편집적인 '맥시민'(maximin, '최대최소') 방식을 사용하였다.[44] 비록 롤스의 제1원칙이 사회선택이론에서 더 많이 언급되어 왔지만, 롤스는 후생경제학(그리고 후생경제학과 관련된 사회선택이론)에서

---

44 [역자주] 두 사람이 제로섬 게임에 참여하고 있다고 하자. 여기서는 내가 입을 수 있는 최대손실(maximum loss)을 최소화(minimizing)하는 선택이 '최적의 해법'이 될 수 있다. 이를 '미니맥스(mini-max) 전략'이라고 한다. 이는 상대가 얻을 수 있는 최소이득(minimum gain)을 최대화(maximizing)하는 것과 같다. 곧, 참가자의 이득과 손실의 합이 제로가 되는 게임에서는 '미니맥스'(최대극소화)와 '맥시민'(max-min, 최소극대화) 전략은 동일하다. 제로섬 게임이 아닐 때는 양쪽이 다를 수밖에 없다. 상대 손실이 꼭 나의 이익으로 이어지지 않기 때문이다. 하지만 사회생활에서도 '맥시민 원칙'은 훌륭한 해법이 된다. 미국의 정치철학자인 존 롤스(1921~2002)는 『정의론』에서 사회정의를 공정성으로 집약한 뒤 자유 · 소득 · 부 등 사회적 기본재의 공정한 분배 원칙으로 두 원리를 제시했다. '제1원리'는 시민들의 기본권으로서 자유는 모든 사람에게 공정하게 할당되어야 한다(최대로 평등한 자유의 원리)는 것이다. '제2원리'는 (1) 사회적 · 경제적 불평등은 사회의 최소 수혜자에게 최대 이익이 되어야 한다('차등의 원리'), (2) 공직 등 사회적 · 경제적으로 가치를 획득할 수 있는 기회는 균등하게 분배되어야 한다('공정한 기회균등의 원리')는 내용이다. 제1원리는 제2원리에 우선하며, 제2원리 가운데는 '맥시민 원칙'이 우선이다.

자신의 제1원칙을 완전히 무시했다(그러나 소위 '자유의 역설'에서는 제1원칙을 간접적으로 무시했다). 또한 롤스는 기본재가 아니라 '효용'에 의해 자신의 '차별 원칙'을 재(再)정의하였다.[45]

롤스와 같이 "후생주의"의 입장에서 '비후생주의 원칙들'을 재정의하고 기술한 것은 엄격하게 말해서 정확하지는 않다. 그러나 이러한 방법은 몇 가지(세 가지) 다른 이유들로 커다란 유용성을 가지고 있다. 첫째, '후생주의'는 많은 사회 선택 분석가들의 직관과 잘 부합하고 있다.[46] 사실상, 많은 사회 선택 분석가들은 롤스의 '사전편집적인 맥시민 방식'이라는 후생주의적 설명이 '기본재'를 대상으로 한 롤스 자신의 주장보다 더 설득력 있는 것으로 생각하고 있는 것 같다.[47]

둘째, '효용 정보를 기초로 한 형식화'(즉, 형식주의)는 다른 해석들이 가능하며, 또한 '의사결정에 대한 규범적 이론'과 비교적 쉽게 통합될 수 있다. 실제로 d'Aspremont and Gevers(2002)는 '사회후생범함수에 관한 연구 문헌들을 비평적으로 개괄'(survey)하면서 사회후생범함수에 관한 연구들은 다음과 같이 재해석될 수 있다고 지적하였다. 즉, "사회후생범함수는 여러 가지 목적들을

---

45 이에 대해서 구체적으로 살펴보려면 Phelps(1973, 1977), Hammond(1976), Maskin(1978, 1979), Meade(1976), Strasnick(1976), Arrow(1977), d'Aspremont and Gevers(1977), Sen(1977b), Gevers(1979), Roberts(1980a, 1980b), Atkinson(1983), Suzumura(1983, 1996), Blackorby, Donaldson and Weymark(1984), d'Aspremont(1985) 등을 참고하기 바란다. 그러나 '사회선택이론적 논리'는 다양한 기본재(primary goods) 묶음이 일관성 있는 지수(consistent index)를 가질 수 있는지에 대해 의문을 제기하거나 그 가능성을 방어하는 데 사용되어 왔다. 이에 대해서는 Plott(1978), Gibbard(1979), Blair(1988), Sen(1991) 등을 참고하기 바람.

46 이에 대해서는 Hammond(1976, 1982), d'Aspremont and Gevers(1977, 2002), Gevers(1979), Suzumura(1983, 1996), Broome(1991, 2004), Pattanaik and Suzumura(1994), d'Aspremont and Mongin(2008), Blackorby, Bossert, and Donaldson(2002) 등을 참고하기 바람.

47 나는 '이것이 확실히 롤스의 판단이 아니다'라고 생각한다. 왜냐하면 롤스는 그 자신의 평가와 다른 분석가들의 평가를 구분할 줄 아는 분이기 때문이다.

가진 결정(또는 선택) 이론을 윤리적 관찰자의 문제에 적용한 것으로 재해석할 수 있다".[48)]

셋째, 모든 규범적 원칙들에 대한 정보적 기초를 여러 가지 평가 자료들(예를 들면, 개인의 효용들이나 개별 평가들) 중 '하나의 기본 유형'에 제한하는 것은 '비일관성의 발생 가능성'을 저지하는 하나의 단순한 방법이 될 수 있다. 이러한 방법은 그 자체로 커다란 매력이 될 수 있다. 또한 심지어 그러한 정보적 제한 내에서 다양한 관심사들이 내적 갈등 없이 조화될 수 있다. 특히, d'Aspremont and Gevers(2002)가 지적했듯이 사람들의 '능력'(capabilities)을 이용하는 다른 방법[49)]이 사용될 수 있다. 여기서 다른 방법이란 "사회후생범함수" 내에서 "실행과 존재"(doings and beings)를 조화시킬 수 있는 가능성을 탐구해 보는 방법을 말한다. 이 과정에서 직면하는 문제들은 개인 효용이나 개인 후생 또는 개인 평가에 영향을 미치는 대상들(objects)이 아니라 사람들의 효용이나 후생, 또는 평가의 적절성과 중요성을 결정하기 위하여 제시된 다른 정보들을 사용함으로써 발생한다.

또한 사회적 결정이나 선택을 할 때 사회적 상태들에 대한 다른 자료(정보)들이 사용(고려)될 때에도 여러 가지 갈등들이 발생한다. 예를 들면, (1) 사람들이 자신의 "개인 소유지"(personal domain)를 평가할 때 자신의 평가에 우선권을 부여하거나(예를 들면, 롤스의 "자유의 우선"이나 사회선택이론에서 사용되는 "최소 자유"(minimal liberty)에 대한 다양한 조건들의 경우), (2) 어떤 능력들에 특별한 중요성

48 [역자주] C. d'Aspremont and L. Gevers(2002), "Social welfare functionals and interpersonal comparability," *Handbook of Social Choice and Welfare*, Vol. 1, p. 464.
49 [역자주] 이에 대해서는 K. Basu and Luis Felipe Lopez-Calva, *Handbook of Social Choice and Welfare*, Vol. 1, Chapter 16을 참고하기 바람.

을 부여할 때(예를 들면, 어떤 기본 능력들(basic capabilities)의 충족에 특별한 역할을 부여하는 철학적 또는 발전적 방법)에도 갈등이 발생한다.[50] 앞에서 논의했듯이 가장 중요한 문제는 소위 "중립성" 조건이다. '중립성 조건'은 다른 공리들을 이용하여 직접적으로 부과하거나 간접적으로 발생할 수 있는 조건이다. 또한 중립성 조건은 '적용 가능한 사회후생함수와 사회후생범함수의 종류'를 효용 정보(utility information)에만 의존하도록 제한하는 역할을 한다.[51] 그러나 이러한 중립성 조건은 여러 가지 기본 규범들(foundational norms)이 제시하는 원칙에 반(反)하는 단점이 있다. 그러한 규범들은 (1) 롤스가 주장한 '정의의 원칙' (principles of justice), (2) 아리스토텔레스(Aristotle)가 주장한 '능력(capabilities) 중심의 원칙', (3) 울스톤크래프트-페인(Wollstonecraft-Paine)이 주장한 '"권리 주장"(vindication of rights)의 원칙' 등에 반영되어 있다. 따라서 중립성 조건이 사회적 선택에서 중요한 조건이지만 이러한 기본 규범들에 거스르게 될 수 있다.

이제까지 살펴보았듯이 상이한 유형의 기본 정보들 – 즉, '효용 정보'와 '비효용 정보'와 관련된 – 의 결합 가능성은 아직까지 충분히 연구되지 못해 왔다. 그러한 기본 정보들은 사회 정의와 형평성과 관련된 상이한 원칙들 속에 반영되어 있다. 지금까지 많은 연구자들이 이룩한 연구 업적들은 높이 찬양할 만한 일이지만, 효용 정보와 비효용 정보의 결합 문제는 앞으로 더 많은

50 이에 대해서는 여러 연구들 중에서, 특히 Sen(1982), Atkinson(1983), Suzumura(1983), Nussbaum and Sen(1993), Dutta(2002) 등을 참고하기 바람.

51 '사회후생범함수의 형태에 있어서 '강중립성'(strong neutrality) 조건은 (1) 무제한적인 선택 범위(unrestricted domain), (2) 파레토 무차별(Pareto indifference), (3) 무관한 선택 대안들로부터의 독립성(IIA) 조건으로부터 유도된다. 강중립성 조건은 d'Aspremont and Gevers(1977)에 의해 수립되었다. 자세한 내용에 대해서는 d'Aspremont and Gevers(2002, pp. 493~494)의 〈정리 3.7〉을 참고하기 바란다. 반면에 '사회후생함수'(SWF)의 경우 중립성에 아주 가까운 조건들은 본장에서 제시한 [보조정리 1]을 참고하기 바란다. [보조정리 1]에서 가정한 조건들은 d'Aspremont and Gevers(1977, 2002)가 가정한 정보적 조건들과 비슷하다.

연구가 이루어져야 할 '분야'라고 인식하는 것이 중요하다.[52] 이러한 인식은 '정의에 관한 이론들'을 분석하고 연구하는 과정에서 '사회선택이론'을 사용(적용)할 때 특히 중요할 것이다.

---

52 특히, Sen(2009)은 '사회적 선택'의 관점에서 '정의의 개념들'(ideas of justice)을 논의하였다(A. K. Sen(2009), *The idea of justice*, The Belknap Press of Harvard University Press).

참고문헌

Arrow, K. J.(1950), "A difficulty in the concept of social welfare," *Journal of Political Economy*, Vol. 58.

______(1951), *Social Choice and Individual Values*, New York: Wiley.

______(1963), *Social Choice and Individual Values*, enlarged 2nd edition, New York: Wiley.

______(1977), "Extended sympathy and the possibility of social choice," *American Economic Review*, Vol. 67.

Arrow, K. J. and M. Intriligator(eds.)(1986), *Handbook of Mathematical Economics*, Amsterdam: North-Holland.

Arrow, K. J., A. K. Sen, and K. Suzumura(1996/1997), *Social choice reexamined*, London: McMillan, and New York: St. Martin's Press.

Atkinson, A. B.(1983), *Social justice and public policy*, Brighton: Wheatsheaf, and Cambridge, MA: MIT Press.

Barker, E.(1958), *The politics of Aristotle*, London: Oxford University Press.

Bentham, J.(1789), *An Introduction to the Principles of Morals and Legislation*, London: Payne; (republished) Oxford: Clarendon Press, 1907.

Binmore, K.(1975), "An example in group preference," *Journal of Economic Theory*, Vol. 10.

______(1994), *Playing fair: Game theory and the social contract*, Vol. 1,

Cambridge, MA: MIT Press.

Blackorby, C., D. Donaldson, and J. Weymark(1984), "Social choice with interpersonal utility comparisons: A diagrammatic introduction," *International Economic Review*, Vol. 25.

Blackorby, C., W. Bossert, and D. Donaldson(2002), "Utilitarianism and the theory of justice," in K. J. Arrow, A. K. Sen, and K. Suzumura(eds), *Handbook of Social Choice and Welfare*, Vol. 1, Amsterdam: North-Holland.

Blair, D. H.(1988), "The primary-goods indexation problem in Rawls's theory of justice," *Theory and Decision*, Vol. 24.

Blair, D. H. and R. A. Pollak(1979), "Collective rationality and dictatorship: the scope of the Arrow theorem," *Journal of Economic Theory*, Vol. 21.

______(1982), "Acyclic collective choice rules," *Econometrica*, Vol. 50.

Blau, J. H. and R. Deb(1977), "Social decision functions and veto," *Econometrica*, Vol. 45.

Borda, J. C.(1781), "Mémoire sur les élections au scrutin," *Histoire de l'Académie Royale des Sciences*, Paris; translated by Alfred de Grazia, Mathematical Derivation of an Election System, *Isis*, Vol. 44, 1953.

Broome, J.(1991), *Weighing goods: Equality, uncertainty and time*, Oxford: Blackwell Press.

______(2004), *Weighing lives*, Oxford: Oxford University Press.

Brown, D. J.(1974), "An approximate solution to Arrow's problem," *Journal of Economic Theory*, Vol. 9.

______(1975), "Acyclic aggregation over a finite set of alternatives," Cowles Foundation Discussion Paper, No. 391, Yale University.

Campbell, D. E.(1976), "Democratic preference functions," *Journal of Economic Theory*, Vol. 12.

Campbell, D. E. and J. S. Kelly(1997), "The possibility-impossibility boundary in social choice," in K. J. Arrow, A. K. Sen, and K. Suzumura(eds.), *Social choice re-examined*, Vol. 1, New York: St. Martin's Press.

Chichilnisky, G.(1982), "Topological equivalence of the Pareto condition and the existence of a dictator," *Journal of Mathematical Economics*, Vol. 9.

Chichilnisky, G. and G. Heal(1983), "Necessary and sufficient conditions for resolution of the social choice paradox," *Journal of Economic Theory*, Vol. 31.

Condorcet, Marquis de(1785), *Essai sur l'application de l'analyse à la probabilité des décisions rendues à la pluralité des voix*, Paris: L'Imprimerie Royale.

d'Aspremont, C.(1985), "Axioms for social welfare ordering," in L. Hurwicz, D. Schmeidler and H. Sonnenschein(eds.), *Social Goods and Social Organization*, Cambridge: Cambridge University Press.

d'Aspremont, C. and L. Gevers(1977), "Equity and the informational basis of collective choice," *Review of Economic Studies*, Vol. 44.

______(2002), "Social welfare functionals and interpersonal comparability," in K. J. Arrow, A. K. Sen, and K. Suzumura(eds.), *Handbook of Social Choice and Welfare*, Vol. 1, Amsterdam: North-Holland.

d'Aspremont, C. and P. Mongin(2008), "A welfarist version of Harsanyi's aggregation theorem," in M. Fleurbaey, M. Salles, and J. A. Weymark (eds.), *Justice, Political Liberalism and Utilitarianism: Themes from Harsanyi and Rawls*, Cambridge: Cambridge University Press.

Deb, R.(1976), "On constructing generalized voting paradoxes," *Review of Economic Studies*, Vol. 43.

______(1977), "On Schwartz's rule," *Journal of Economic Theory*, Vol. 16.

Dutta, B.(2002), "Inequality, poverty and welfare," in K. J. Arrow, A. K. Sen, and K. Suzumura(eds.), *Handbook of Social Choice and Welfare*, Vol. 1, Amsterdam: North-Holland.

Fine, B. J. and K. Fine(1974), "Social choice and individual ranking," *Review of Economic Studies*, Vol. 41.

Fishburn, P. C.(1973), *The theory of social choice*, Princeton, NJ: Princeton University Press.

______(1974), "On collective rationality and a generalized impossibility theorem," *Review of Economic Studies*, Vol. 41.

Gardenfors, P.(1973), "Positional voting functions," *Theory and Decision*, Vol. 4.

Gevers, L.(1979), "On interpersonal comparability and social welfare orderings," *Economerica*, Vol. 47.

Gibbard, A. F.(1969), Unpublished term paper at the Philosophy Department of Harvard University, discussed in Sen(1970a).

______(1973), "Manipulation of voting schemes: a general result,"

Econometrica, Vol. 41.

______(1979), "Disparate goods and Rawls' difference principle: A social choice theoretic treatment," *Theory and Decision*, Vol. 11.

Grether, D. M. and C. R. Plott(1982), "Nonbinary social choice: An impossibility theorem," *Review of Economic Studies*, Vol. 49.

Hammond, P. J.(1976), "Equity, Arrow's conditions and Rawls' difference principle," *Econometrica*, Vol. 44.

______(1982), "Liberalism, independent rights, and the Pareto Principle," in L. J. Cohen, J. Los, H. Pfeiffer, and K. P. Podewski(eds.), *Logic, methodology, and the philosophy of science*, Vol. 6, Amsterdam: North-Holland.

______(1985), "Welfare economics," in G. Feiwel(ed.), *Issues in contemporary microeconomics and welfare*, Albany: SUNY Press.

Harsanyi, J. C.(1955), "Cardinal welfare, individualistic ethics and interpersonal comparisons of utility," *Journal of Political Economy*, Vol. 63.

Kelly, J. S.(1978), *Arrow impossibility theorems*, New York: Academic Press.

Kelsey, D.(1985), "Acyclic choice without the Pareto Principle," *Review of Economic Studies*, Vol. 51.

Mas-Colell, A. and H. Sonnenschein(1972), "General possibility theorems for group decisions," *Review of Economic Studies*, Vol. 39.

Maskin, E.(1978), "A theorem on utilitarianism," *Review of Economic Studies*, Vol. 45.

______(1979), "Decision-making under ignorance with implications for social choice," *Theory and Decision*, Vol. 11.

Meade, J.(1976), *The just economy*, London: Macmillan, and Albany, NY: State University of New York Press.

Moulin, H.(1983), *The strategy of social choice*, Amsterdam: North-Holland.

Nussbaum, M. and A. Sen(eds.)(1993), *The quality of life*, Oxford: Oxford University Press.

Paine, T.(1791), *The rights of man: Being an answer to Mr. Burke's attack on the French Revolution*, 1791; (republished) *The rights of man*, London: Dent, 1906 and New York: Dutton, 1906.

Pattanaik, P. K.(2002), "Positional rules of collective decision-making," in K. J. Arrow, A. K. Sen, and K. Suzumura(eds.), *Handbook of Social Choice and Welfare*, Vol. 1, Amsterdam: North-Holland.

Pattanaik, P. K. and M. Salles(eds.)(1983), *Social choice and welfare*, Amsterdam: North-Holland.

Pattanaik, P. K. and K. Suzumura(1994), "Rights, welfarism and social choice," *American Economic Review*, Vol. 84.

Peleg, B.(1984), *Game theoretic analysis of voting in committees*, Cambridge: Cambridge University Press.

Phelps, E. S.(1973), *Economic justice*(edited), Harmondsworth: Penguin.

______(1977), "Recent developments in welfare economics: Justice et equite," in M. D. Intriligator(ed.), *Frontiers of quantitative economics*, Vol. 3, Amsterdam: North-Holland.

Plott, C.(1978), "Rawls' theory of justice: An impossibility result," in H. W. Gottinger and W. Leinfellner(eds.), *Decision theory and social ethics: Issues in social choice*, Dordrecht: Reidel.

Rawls, J.(1971), *A Theory of Justice*, Cambridge, MA: Harvard University Press.

Roberts, K. W. S.(1980a), "Interpersonal comparability and social choice theory," *Review of Economic Studies*, Vol. 47.

______(1980b), "Price independent welfare prescriptions," *Journal of Public Economics*, Vol. 13.

Rothschild, E.(2001), *Economic sentiments: Adam Smith, Condorcet and the Enlightenment*, Cambridge, MA: Harvard University Press.

Sen, A. K.(1969), "Quasi-transitivity, rational choice and collective decisions," *Review of Economic Studies*, Vol. 36.

______(1970a), *Collective choice and social welfare*, San Francisco: Holden Day; (republished) Amsterdam: North-Holland, 1979.

______(1970b), "The impossibility of a Paretian liberal," *Journal of Political Economy*, Vol. 78.

______(1977a), "Social choice theory: A reexamination," *Econometrica*, Vol. 45; reprinted in Sen(1982).

______(1977b), "On weights and measures: informational constraints in social welfare analysis," *Econometrica*, Vol. 45: reprinted in Sen(1982).

______(1979), "Informational analysis of moral principles," in R. Harrison(ed.), *Rational action*, Cambridge: Cambridge University Press.

______(1982), *Choice, welfare and measurement*, Oxford: Basil Blackwell, and Cambridge, MA: MIT Press.

______(1986), "Social choice theory," in K. J. Arrow and M. Intriligator(eds.), *Handbook of Mathematical Economics*, Amsterdam: North-Holland.

______(1991), *On indexing primary goods and capabilities*, mimeo-graphed, Harvard University, July 1991.

______(1993), "Internal consistency of choice," *Econometrica*, Vol. 61.

______(1995), "Rationality and social choice," *American Economic Review*, Vol. 85.

______(1999), "The possibility of social choice," *American Economic Review*, Vol. 109.

______(2009), *The idea of justice*, Cambridge, M.A.: The Belknap Press of Harvard University Press.

Sen, A. and B. Williams(1982), *Utilitarianism and beyond*, Cambridge: Cambridge University Press.

Shama, S. R.(1967), *Kautilya's Arthashastra*(8th ed.), Mysore: Mysore Printing and Publishing House.

Smith, A.(1759), *The Theory of Moral Sentiments*, (revised edition, 1790; republished, New York: Penguin, 2009).

Strasnick, S.(1976), "Social choice and the derivation of Rawls's Difference Principle," *Journal of Philosophy*, Vol. 73.

Suzumura, K.(1976a), "Rational choice and revealed preference," *Review of*

Economic Studies, Vol. 43.

______(1976b), "Remarks on the theory of collective choice," *Economica*, Vol. 43.

______(1982), "Equity, efficiency and rights in social choice," *Mathematical Social Sciences*, Vol. 3.

______(1983), *Rational choice, collective decisions and social welfare*, Cambridge: Cambridge University Press.

______(1996), "Welfare, rights, and social choice procedure: a perspective," *Analyse & Kritik*, Vol. 18.

Vickrey, W.(1945), "Measuring marginal utility by reactions to risk," *Econometrica*, Vol. 13.

Wollstonecraft, M.(1790, 1792), *A vindication of the rights of man, in a letter to the right Honourable Edmund Burke; occasions by his reflections on the revolution in France*, 1790, and *A vindication of the rights of woman: with structures on political and moral subjects*, 1792(두 저서는 모두 M. Wollstonecraft, *A vindication of the rights of man and a vindication of the rights of woman*, edited by S. Tomaselli, Cambridge: Cambridge University Press, 1995에 들어 있음).

Young, H. P.(1988), "Condorcet's theory of voting," *American Political Science Review*, Vol. 82.

제7장 다수결 투표제의 견고성

다스굽타(P. Dasgupta) · 매스킨(E. Maskin)

1. 기본 공리와 투표 방식
2. 다수결제의 결함
3. 2000년 미국 대통령 선거 사례
4. 다수결제의 견고성

본 논문은 여러 투표 방식들 중에서 '단순 다수결 투표제'(simple majority rule)가 다섯 가지 표준적인(그리고 매력적인) 공리인 '파레토 조건, 익명성, 중립성, 무관한 선택 대안들로부터의 독립성, 결정성 공리'를 모두 충족시킨다는 것을 증명해 보이고자 한다. 따라서 이러한 의미에서 단순 다수결제는 가장 견고한 투표 방식이다. 다수결 투표 방식의 이러한 특징은 오래 전에 메이(May, 1952)가 제시한 특징의 대안이 될 수 있다.

제7장 다수결 투표제의 견고성[1)2)]

1. 기본 공리와 투표 방식

논의를 본격적으로 시작하기 전에 먼저 다음 두 가지 질문을 제기해 보기로 하자. 첫째, 민주주의 사회는 대통령을 '어떻게'(어떤 방식으로) 선출하는가? 둘째, 민주주의 사회에서 의회는 '어떻게' 법안을 결정하는가?

이러한 질문들에 대한 가벼운 대답으로 아마 '투표'를 생각해 볼 수 있을 것이다. 그러나 투표의 경우 수많은 투표 방식들(voting rule, 투표 규칙)이 있다. 예를 들면, 다수결제(majority rule), 최다득표제(plurality rule), 순위투표제(rank-order voting), 만장일치제(unanimity rule 전원일치 투표제), 결선투표제(runoff voting) 등을 비롯하여 여러 다른 투표 방식들이 있다(일반적으로 하나의 투표 방식(voting rule)은 '선거에 입후보한 후보자들에 대한 투표자들의 선호를 기초로 해서 후보자들 중에서 한 명의 당선자를 선출하는 방식'을 의미한다[3)]). 그러므로 이러한 대답은 제기된 질문에

1 [역자주] 본 논문은 매우 복잡한 논리학을 사용하여 수리적으로 작성되어 있다. 일반 독자들은 읽기가 어려울 것으로 생각되어 서론 부분만 번역하기로 한다.

2 [역자주] 본 논문은 *Journal of the European Economic Association*, Vol. 6(5), 2008, pp. 949~973에 게재된 것을 여기서 다시 수록하였다. 우리는 본 논문에 대해 유익한 논평을 해주신 Salvador Barbera 교수와 John Weymark 교수께 감사를 드린다.

3 많은 선거제도들에서 어느 한 투표자는 모든 후보자들의 순위를 표현하지 않고 오직 '자신이 가장 좋아하는 후보자'만 표현한다. 만약 단지 두 명의 후보자들만 있다면(예를 들어, 국민투표

충분하지 않다. 즉, 투표 방식 자체만으로는 두 가지 질문에 올바르게 대답할 수 없다. 따라서 투표 방식들을 체계적으로 평가해 보아야 한다. 다시 말하면, 투표 방식들이 충족시켜야 하는 몇 가지 기본적인 특성(조건)들이나 공리들을 검토해 봄으로써 투표 방식들을 평가해 보아야 한다. 이러한 주제는 주로 '투표이론'(theory of voting)에서 다루어지고 있다.

일반적으로 용인된 첫 번째 공리는 '파레토 공리'(Pareto property, 또는 '파레토 원칙')이다. 즉, '파레토 원칙'은 "모든 투표자들이 후보자 y보다 x를 선호한다면 최종적으로 후보자 y가 선출되어서는 안 된다"는 것을 말한다.[4] 바꾸어 말하면, "모든 투표자들이 후보자 y보다 x를 선호한다면 최종적으로 후보자 x가 선출되어야 한다". 두 번째 공리는 '익명성(anonymity) 공리'로 강한 호소력을 가지고 있다. 즉, '익명성'은 "어떠한 투표자도 다른 투표자들에 비해 선거결과에 더 큰 영향력을 미쳐서는 안 된다"는 것을 의미한다[5](익명성은 때때로 "1

에서처럼 "후보자들"(candidates)이 '예'(Yes, 찬성) 또는 '아니오'(No, 반대)인 경우) 두 가지 종류의 표현 방식 – 즉, (1) 자신이 가장 좋아하는 후보자만 표현하는 방식과 (2) 모든 후보자들의 순위를 표현하는 방식 – 은 사실상 동일하다. 그러나 세 후보자들 또는 그 이상의 후보자들이 있다면 '투표자들이 가장 좋아하는 것'을 아는 것만으로는 다수결제와 순위투표제 등을 실시하는 데 충분치 못하다.

4 비록 '파레토 조건'이 정치적 선거(political election)의 경우에 거의 논란이 되지 않을지라도 다른 사회적 선택의 경우에서는 항상 쉽게 받아들여지지 않는다. 예를 들어, "후보자들"이 두 개의 상이한 국민의료계획(national health care plan)이라고 가정해 보자. 이 경우 일부 사람들은 다음과 같이 주장할 것이다. 즉, "두 국민의료계획들 간에 어느 하나를 선택하는 데 공정성, 선택의 범위, 중앙집권화의 정도 등과 같은 요인들이 '시민들의 선호'보다 더 중요하다"고 주장할 것이다. 따라서 이 경우에는 '파레토 조건'이 논란이 될 수 있다.

5 많은 사람들이 미 대통령 선거에서 '선거인단(Electoral College)제도'의 폐지를 주장하는 것은 바로 '선거인단제도가 익명성(anonymity) 조건을 위반하기' 때문이다. 왜냐하면 미국 선거인단 제도의 경우 큰 주들에서 온 투표자들(즉, 선거인단)과 작은 주들에서 온 투표자들(즉, 선거인단)이 대통령을 선출하는 데 똑같은 힘을 가지고 있지 않기 때문이다. 그러나 (위의 각주 4에서 살펴본) '파레토 조건'처럼 '익명성 조건'도 '선거가 아닌 경우'에서는 항상 광범위하게 지지되지 않는다. 예를 들면, 위의 각주 4에서 고려한 국민의료계획의 경우에 아마 '저소득 계층의 시민들'에게 더 큰 가중치를 부여하는 게 적절할지도 모른다. 따라서 이 경우에는 '익명성 조건'이 논란이 될 수 있다.

인 1표"(one person-one vote) 원칙이라고도 불린다). 한 마디로 '익명성 공리'는 '모든 투표자들을 차별 없이 동일하게 대우해야 한다'는 것을 의미한다. 세 번째 공리는 '중립성(neutrality) 공리'이다. 익명성 공리가 투표자들에 대해 적용되는 공리라면, '중립성 공리'는 '후보자들'에 대해 적용되는 공리이다, 즉, '중립성 공리'는 "어떠한 후보자도 다른 후보자들에 비해 특별한 대우를 받아서는 안 된다"는 것을 의미한다.[6] 그러면 이러한 공리들을 모두 충족시키는 투표 방식이 과연 존재하는가?

이러한 세 가지 공리들 – 즉, 파레토 공리, 익명성 공리, 중립성 공리 – 을 모두 충족시키는 세 가지 투표 방식들이 존재한다. 즉, 단순 다수결제(simple majority rule), 순위투표제(rank-order voting), 최다득표제(plurality rule)는 이러한 세 가지 기본 공리들을 모두 충족시킨다. 첫째, '단순 다수결제'에 따르면 "선택 가능한 두 후보자 x와 y에 대해 더 많은 투표자들이 후보자 y보다 x를 선호하면 최종적으로 후보자 x가 선출된다". 둘째, '순위투표제'(이 방식은 "보르다 계산법"(Borda count, 또는 보르다식 투표 집계법")[7]이라고도 불림)에 따르면 "각 후보자는 투표 결과 자신이 1위를 기록하면 1점을 얻고, 2위를 기록하면 2점을 얻고, 3위를 기록하면 3점을 얻는다". 즉, 투표 결과 후보자가 얻은 표의 순위(rank)에 따라 점수가 부여되고 이를 합(合)한다. 이런 식으로 후보자가 얻은 모든 투표들에 대해 점수를 계산한 결과 가장 '적은 점수'를 기록한 후보자가 최종적으

6 중립성은 '정치적 선거'의 경우에서는 거의 이의를 제기하기 어렵다. 그러나 "후보자들"이 예를 들어 어느 한 국가의 헌법에 대한 다양한 '수정안들'이라면 투표자들은 수정안들과 '현상'(status quo) 유지 – 즉, '변화가 없는 경우' – 를 동등하게 대우하지 않고 '현상 유지'에 "특별한 대우"를 해주기를 원할 것이다. 그 결과 헌법은 투표자들의 '압도적인 지지'에 의해서만 개정(수정)될 수 있을 것이다.

7 이러한 이름은 18세기 프랑스 공학자였던 보르다(Jean-Charles Borda)가 순위투표제(rank-order voting rule)를 최초로 공식화했기 때문이다.

로 당선된다. 예를 들면, 다른 후보자들과 비교해서 후보자 x가 얻은 총점이 가장 작으면 후보자 x가 당선된다. 마지막으로, '최다득표제'(이 방식은 "First Past the Post"라고도 불린다. 글자 그대로의 의미는 '목표 지점을 가장 빨리 통과하는 후보자'를 말한다. 즉, 다른 모든 후보자들과 비교해서 한 표라도 더 많은 표를 얻은 후보자가 당선되는 방식을 말함)에 따르면 "어떤 선거에서 가장 득표를 많이 한 후보자가 당선된다". 예를 들면, 다른 모든 후보자들에 비해 후보자 x가 더 많은 표를 얻으면 후보자 x가 최종적으로 당선된다.

네 번째 표준적인 공리는 '무관한 선택 대안들로부터의 독립성'(Independence of Irrelevant Alternatives, IIA)이다. '무관한 선택 대안들로부터의 독립성(IIA) 공리'는 내쉬(J. Nash, 1950)와 애로우(K. Arrow, 1951)가 강조한 이래 커다란 주목을 받아 왔다.[8] 이 공리에 따르면 "먼저, 선택 가능한 후보자들 중에서 후보자 x가 최종적으로 당선되었다고 가정해 보자. 이제 후보자들 중에서 어떤 후보자 y를 제외시켜도 여전히 후보자 x가 당선되어야 한다".[9] 그러나 순위투표제와 최다득표제는 이 공리를 충족시키지 못하고 있다. 순위투표제와 최다득표제가 이 공리를 위반하는 이유를 살펴보기 위하여 다음 예를 고려해 보자. 즉, 100명

8 그러나 내쉬(Nash)와 애로우(Arrow)는 '무관한 선택 대안들로부터의 독립성(IIA) 공리'에 대해 다소 다른 주장을 하였다. 여기에서는 '내쉬의 주장'을 따르기로 한다.

9 '무관한 선택 대안들로부터의 독립성'(IIA) 조건은 나머지 세 조건들(즉, 파레토, 익명성, 중립성 조건)보다 논란의 여지가 더 많지만 최소한 두 가지 강력한 '찬성론'을 가지고 있다. 첫째, IIA라는 그 이름이 의미하듯이 '선거 결과가 당선 가능성이 없는 후보자들이 투표용지에 있든 없든 상관없이 아무런 영향을 받지 않는다'는 점이다. 둘째, IIA 조건은 '투표자들이 "전략적으로" 투표할 유인(an incentive to vote strategically)을 가지고 있지 않아야만 한다'는 특성과 밀접히 관련되어 있다. '전략적 투표'(strategic voting)란 '투표자들이 자신의 진실한 선호(true preference)와 다르게 투표하는 것'을 말한다(이에 대해서는 Dasgupta, Hammond, and Maskin(1979)의 〈정리 4.73〉을 참고하기 바람). 그러나 'IIA 조건은 다른 특성들(즉, 파레토, 익명성, 중립성 조건)보다 논란의 여지가 더 많다'고 주장되고 있다. 이러한 주장은 특히 '순위투표제'(또는 '보르다 계산법') 찬성자들 사이에서 제기되어 왔다. 왜냐하면 '순위투표제'(또는 '보르다 계산법')는 IIA 조건을 명백하게 위반하기 때문이다.

〈표 1〉 투표 결과에 대한 프로파일(정보)

순위 \ 투표자들의 수	47명	49명	4명
1위로 투표(가장 선호)	x	y	w
2위로 투표(두 번째로 선호)	y	z	x
3위로 투표(세 번째로 선호)	z	x	y
4위로 투표(가장 덜 선호)	w	w	z

의 투표자들이 있고, 4명의 후보자들(w, x, y, z)이 선거에 입후보했고, 이들의 순위 분포는 〈표 1〉과 같다고 가정하자.

이러한 투표 결과(이를 '프로파일'(profile)이라 부르며, 프로파일이란 모든 투표자들의 순위를 나타낸 명세표를 말함[10])를 가정할 때, 우선 순위투표제 하에서는 후보자 y가 최종적으로 당선될 것이다. 왜냐하면 후보자 y가 얻은 총점수는 155점[=(47표×2점)+(49표×1점)+(4표×3점)]으로 다른 후보자들과 비교해서 가장 적은 점수이기 때문이다(참고로 후보자 x가 얻은 총점은 202점[=(47표×1점)+(49표×3점)+(4표×2점)]이고, 후보자 w가 얻은 총점은 388점[=(47표×4점)+(49표×4점)+(4표×1점)]이고, 후보자 z가 얻은 총점은 255점[=(47표×3점)+(49표×2점)+(4표×4점)]이다). 다음으로, 최다득표제 하에서도 후보자 y가 최종적으로 당선된다. 왜냐하면 후보자 y는 49명의 투표자들로부터 가장 선호(1위로 투표)되지만, 후보자 x와 w는 각각 47명과 4명의 투표자들로부터 가장 선호되고 있기 때문이다.

그러나 선택 가능한 후보자 명단에서 "후보자 z"를 제외시킨다고 가정해 보자. 이 경우 순위투표제 하에서 (후보자 y가 아니라) 후보자 x가 최종적으로 당선될 것이다. 왜냐하면 이 경우에도 후보자 y가 얻은 총점은 여전히 155점

10 [역자주] '프로파일'(profile)이란 다른 말로 '투표 결과를 보여 주는 표'를 말한다.

이지만, 후보자 x가 얻은 총점은 153점[=(47표×1점)+(49표×2점)+(4표×2점)]이 되어, 이제 후보자 x의 총점이 '최소'가 된다. 다음으로, 후보자 명단에서 "후보자 w"를 제외시킨다고 가정해 보자. 이 경우 최다득표제 하에서 (후보자 y가 아니라) 후보자 x가 1위로 51표(=47표+4표)를 얻어 최종적으로 당선된다. 왜냐하면 최다득표제 하에서 후보자 y는 여전히 49명의 투표자들로부터 가장 선호(1위로 투표)되지만, 후보자 x는 51명(=47명+4명)의 투표자들로부터 가장 선호되기 때문이다. 따라서 후보자 집합(명단)에서 후보자 w나 z를 제외함으로써 순위투표제나 최다득표제 하에서 선거 결과가 바뀌게 된다. 이는 독립성(IIA) 공리를 '위반함'을 의미한다. 더구나 이러한 결과는 후보자 w나 z가 순위투표제나 최다득표제 하에서 당선될 가망이 거의 없는 경우에도 발생한다(이 경우 후보자 w나 z는 "무관한 선택 대안들"(즉, 무관한 후보자들)에 해당된다).

반면에 다수결 투표제 하에서(이하에서는 '단순'(simple)이라는 접두어를 생략하기로 한다. 즉, 이하에서 '다수결제'는 곧 '단순 다수결제'를 의미함) 후보자 x와 y 간의 선택은 얼마나 많은 투표자들이 후보자 y보다 x를 선호하고, 얼마나 많은 투표자들이 후보자 x보다 y를 선호하는지에만 달려 있다(이 경우 후보자 명단에 다른 후보자들이 있든 없든 상관이 없다). 또한 후보자 x와 z 간의 선택이나 후보자 x와 w 간의 선택도 관련된 두 후보자의 순위만 비교하면 된다. 따라서 〈표 1〉에서와 같이 투표자들이 100명이 있는 경우 후보자 x가 최종 당선자이다. 먼저, 두 후보자 x와 y를 비교해 보면 후보자 x가 다수결(즉, 2대 1)로 당선된다. 다음으로, 후보자 x와 w를 비교해도 후보자 x가 다수결로 당선되고, 후보자 x와 z를 비교해도 후보자 x가 다수결로 당선된다. 이와 같이 후보자 명단에 후보자 w와 z가 있든 없든 '항상 후보자 x가 다수결로 당선됨'을 볼 수 있다. 다시 말하면, 다수결 투표제는 '독립성(IIA) 공리'를 충족시킨다.

2. 다수결제의 결함

그러나 다수결 투표제 자체도 잘 알려진 '치명적인 결함'을 가지고 있다. 이는 프랑스의 콩도르세 후작(Marquis de Condorset, 1785)[11]에 의해 발견되었고, 소위 '투표 역설'(paradox of voting) 또는 '콩도르세 역설'(Condorset paradox)이라는 이름으로 증명되었다. '투표 역설' (또는 '콩도르세 역설')에 따르면, 다수결 투표제는 한 명의 당선자를 선출하지 못할 수도 있다. 예를 들어, 3명의 투표자들(즉, 투표자 1, 2, 3)이 있고, 3명의 후보자들(즉, 후보자 x, y, z)이 있고, 투표자들의 선호 프로파일(정보)이 다음과 같다고 가정해 보자.

〈표 2〉 다수결 원칙의 결함: '투표 역설'의 경우

선호 순위 \ 투표자들	투표자 1	투표자 2	투표자 3
가장 선호(1위로 투표)	x	y	z
두 번째로 선호(2위로 투표)	y	z	x
가장 덜 선호(3위로 투표)	z	x	y

〈표 2〉를 보면 투표자 1은 후보자 x를 가장 선호하고, 두 번째로 후보자 y를 선호하고, 마지막으로 후보자 z를 가장 덜 선호하고 있다. 다음으로, 투표자 2는 후보자 y를 가장 선호하고, 두 번째로 후보자 z를 선호하고, 마지막으

11 [역자주] 콩도르세 후작은 보르다의 최대 라이벌로 알려져 있다.

로 후보자 x를 가장 덜 선호하고 있다. 마지막으로, 투표자 3은 후보자 z를 가장 선호하고, 두 번째로 후보자 x를 선호하고, 마지막으로 후보자 y를 가장 덜 선호하고 있다. 이제 콩도르세가 주목했듯이 우선, '2/3 다수결제'를 적용하여 후보자 x와 y를 비교하면 후보자 x가 최종적으로 당선된다(왜냐하면 투표자들이 후보자 y보다 x를 다수결(2 대 1)로 선호하기 때문이다). 따라서 후보자 y는 당선될 수 없다. 다음으로, 후보자 y와 z를 비교하면 후보자 y가 최종적으로 당선된다(왜냐하면 투표자들이 후보자 z보다 y를 다수결(2대 1)로 선호하기 때문이다). 따라서 후보자 z는 당선될 수 없다. 마지막으로, 후보자 z와 x를 비교하면 후보자 z가 최종적으로 당선된다(왜냐하면 투표자들이 후보자 x보다 z를 다수결(2대 1)로 선호하기 때문이다). 따라서 후보자 x는 당선될 수 없다. 그 결과, 다수결제는 최종적으로 한 명의 당선자를 선출하지 못할 수 있다. 이는 '결정성(decisiveness) 공리'를 '위반하게' 됨을 의미한다. 결정성 공리에 따르면, '하나의 투표 방식은 반드시 한 명의 당선자를 선출해야 한다'는 것을 규정하고 있다.

〈표 3〉 투표 방식과 다섯 가지 기본 공리의 충족 여부

투표 방식 \ 공리	공리 충족 여부 (O=충족함, ×=충족하지 않음)				
	파레토 공리	익명성 공리	중립성 공리	무관한 선택 대안들로부터의 독립성 공리(IIA)	결정성 공리
단순 다수결제	○	○	○	○	×
순위투표제	○	○	○	×	○
최다득표제	○	○	○	×	○

주: 역자가 만든 표임.

이제까지 살펴보았듯이 세 가지 주요 투표 방식들 – 즉, (단순) 다수결제, 순위투표제, 최다득표제 – 은 다섯 가지 기본 공리들 – 즉, 파레토, 익명성, 중립성, 독립성, 결정성 공리 – 을 모두 충족시키는 것은 불가능하다. 그러면 다섯 가지 공리들을 모두 충족시키는 다른 투표 방식은 존재하지 않는가? 불행히도 그 대답은 "그렇다!"이다. 즉, "세 명 또는 그 이상의 후보자들이 있는 경우 다섯 가지 공리들을 모두 충족시키는 투표 방식은 존재하지 않는다"(No voting rule satisfies all five axioms). 이 결과는 애로우의 "불가능성 정리"(1951)와 매우 유사하다.

3. 2000년 미국 대통령 선거 사례

그러나 이 결과가 '너무 비관적이라는 느낌'(sense)이 있다. 왜냐하면 이 결과는 다음 조건을 전제로 하고 있기 때문이다. 즉, "하나의 공리를 충족시키기 위하여 각 투표 방식은 '투표자들의 실제 선호가 어떻게 나타나든 관계없이' 반드시 그 공리를 따라야만 한다".[12] 그러나 실제로 투표자의 어떤 선호는 거의 나타나지 않는다(이는 '무제한적인 선택 범위 공리'에 위반됨을 의미한다). 이러한 결과가 나타나는 한 가지 이유는 투표자들의 '이념'(ideology) 때문이다. 오래 전에 블랙(D. Black, 1948)이 주목했듯이[13] 많은 선거에서 주요 후보자들에 대한 일반적인 투표자의 태도는 주로 '좌–우 이념적 공간'에서 자신의 이념적 위치

12 이 조건은 "무제한적인 선택 범위"(unrestricted domain)라고 알려져 있다.
13 [역자주] David Black(1948), "On the Rationale of Group Decision-making," *Journal of Political Economy*, 56(1), pp. 23~34.

(ideological position)로부터 얼마나 떨어져 있느냐에 의해 좌우된다. 2000년 미국 대통령 선거를 예로 들어 보자. 당시 대통령에 입후보한 4명의 주요 후보자들의 이념(정확히 말하면, 이념적 스펙트럼)을 보면 랄프 네이더(극좌)–엘 고어(좌파)–조지 W. 부시(우파)–팻 뷰캐넌(극우)의 순서였다.

〈그림 1〉 네 후보자들의 이념적 스펙트럼

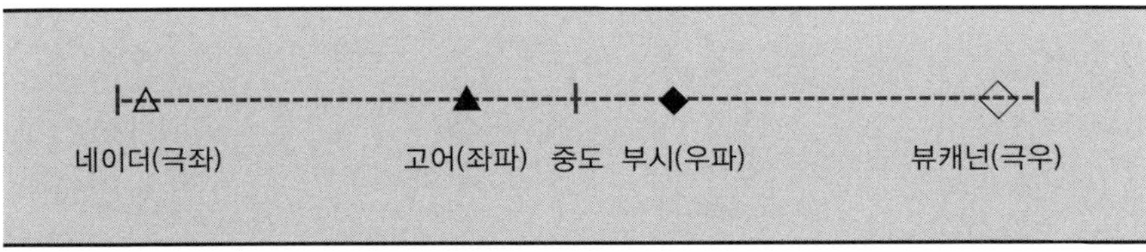

주: 역자가 만든 그림.

이러한 이념적 스펙트럼 하에서, 예를 들어 고어 후보를 지지(선호)하는 어느 한 투표자는 다음과 같은 선호 순위로 투표할 것이다.

고어(좌파) > 네이더(극좌) > 부시(우파) > 뷰캐넌(극우)

또는 심지어 고어(좌파) > 부시(우파) > 네이더(극좌) > 뷰캐넌(극우)

그러나 이 투표자는 "고어(좌파) > 뷰캐넌(극우) > 부시(우파) > 네이더(극좌)"의 순위로는 투표하지 않을 것이다. 왜냐하면 뷰캐넌보다 부시 후보가 이념적으로 고어 후보에 더 가깝기 때문이다. 다시 말하면, 후보자들을 수평축에 이념적으로 배열할 때 후보자들에 대한 어느 한 투표자의 효용곡선이 단일 봉우리(single peaked, 또는 '단일 정점')의 형태를 가질 것이다(이를 '단봉형'(單峰形)의 효용곡선이라 부른다). 여기서 투표자 선호의 '단일 봉우리 조건'은 중요하다. 왜냐하면 블랙이 보여 주었듯이 투표자들의 선호가 단일 봉우리(또는 단일 정점)라면 다수결제는 일반적으로 '결정성 공리'를 충족시킬 수 있기 때문이다.[14)]

또한 투표자 선호의 '단일 봉우리 조건'이 다수결제의 결정성 공리를 보장하는 것만은 아니다. 다른 조건 하에서도 다수결제의 결정성 공리가 보장되기 때문이다. 이를 위해 2002년 프랑스 대통령 선거를 고려해 보자. 당시 프랑스 대통령 선거에 입후보한 3명의 주요 후보자들은 리오넬 조스펭(사회주의자), 자크 시라크(보수주의자), 장-마리 르펭(국민전선(National Front), 즉 극우파)이었다. 이 선거에서 프랑스의 투표자들은 조스펭과 시라크에 대한 자신의 선호와 관계없이 르펭에 대해 극단적인 선호를 가지고 있었다. 여론조사 결과에 따르면 세 후보자들 중에서 '르펭'은 거의 모든 사람들에 의해 '1위' 또는 '3위'를 기록하였다. 단지 극소수의 투표자들만이 르펭을 2위로 응답하였다. 특정 후보자에 대한 이러한 선호의 양극화가 프랑스에 좋은지는 논쟁의 여지가 있다. 그러나 이러한 선호의 양극화가 다수결제에 대해서는 확실히 '좋다'고 말할 수 있다. 나중에 살펴보겠지만 어느 한 후보자(예를 들어, 르펭)에 대한 선호가 '양극화'되어 있는 경우(즉, 결코 2위를 기록하지 않는 경우) 다수결제는 결정성[15)] 공리를 보장해 준다. 이제까지의 논의를 요약하면, 투표자들의 선호가 (1) '단일 봉우리 형태'를 가지고 있거나, (2) 양극화되어 있는 경우 다수결제는 '결정성 공리'의 충족을 보장해 준다.

---

14 '"일반적" 결정성(generic decisiveness) 공리'의 정확한 의미에 대해서는 나중에(본 논문의 제3절) 설명할 예정이다.

15 [역자주] 각주 14에서 이미 언급했듯이 이때의 '결정성'을 '일반적 결정성'이라 부른다. '일반적 결정성'에 관해서는 제3절에서 다룬다.

따라서 투표자들의 어떤 선호 범위(즉, 단봉적인 선호 범위)에 대해서는 다수결제가 잘 작동하지만, 다른 선호 범위(즉, 무제한적인 선호 범위)에 대해서는 다수결제가 잘 작동하지 않는다. 여기서 다수결제가 '잘 작동한다'는 말은 앞에서 정의한 '다섯 가지 공리들을 모두 충족시킨다'는 것을 의미한다. 그러면 다음과 같은 '자연스러운 질문'이 제기된다. 즉, 다수결제의 성과를 다른 투표 방식들과 어떻게 비교하는가? 앞에서 이미 지적했듯이 "모든 선호 범위에 대해 잘 작동하는 투표 방식은 존재하지 않는다". 따라서 다음 질문을 제기해 볼 수 있다. 즉, 가장 광범위한 선호 범위에 대해 어느 투표 방식이 잘 작동하는가?[16)] 이 질문은 곧 선호 범위와 투표 방식과의 관계에 관한 것이다.

4. 다수결제의 견고성

본 논문은 '다수결제'(majority rule)가 본질적으로 이 질문에 대한 유일한 대답이라는 것을 보여 주고자 한다. 특히, 만약 주어진 어떤 투표 방식 F가 어떤 선호 범위에 대해 잘 작동한다면 다수결제 또한 그 선호 범위에 대해서 잘 작동한다는 것을 입증하고자 한다. 즉, 어떤 선호 범위에서는 투표 방식 F와 다수결제가 모두 잘 작동한다. 반대로 주어진 어떤 투표 방식 F가 다수결제와

16 모든 선호 범위들에 대해 다섯 가지 조건들(또는 공리들) 중에서 네 가지 조건들을 충족시키는 투표 규칙을 제시하는 것은 비교적 쉬운 일이다. 일례로 "초(超)다수결제"(supermajority rule) – 예를 들면, '3분의 2 다수결 규칙' – 를 들 수 있다. '초다수결제'란 '선택안 x가 선택안 y를 최소한 3분의 2의 다수결(two-third's majority)로 누르고 당선되는 경우'를 말한다. '초다수결제'는 모든 선택 범위(domain)에 대해 '파레토, 익명성, 중립성, 독립성(IIA) 조건'을 충족시킨다. 이와 마찬가지로 '순위투표제'(rank-order voting rule)는 모든 선택 범위에 대해 '파레토, 익명성, 중립성, (일반) 결정성 조건'을 충족시킨다.

다르다면[17] 다수결제가 잘 작동하는 다른 선호 범위가 있고, 이 선호 범위에서는 주어진 투표 방식 F는 잘 작동하지 않는다. 즉, 다른 선호 범위에 대해 다수결제는 잘 작동하지만 투표 방식 F는 잘 작동하지 않는다.

〈표 3〉 선호 범위와 투표 방식과의 관계

투표 방식 \ 선호 범위	어떤 선호 범위	다른 선호 범위
주어진 투표 방식 F	잘 작동함	잘 작동하지 않음
다수결제	잘 작동함	잘 작동함

주: 역자가 만든 표임. 여기서 '잘 작동한다'는 말은 '다섯 가지 기본 공리들을 모두 충족시킨다'는 것을 의미함.

따라서 다수결제는 본질적으로 가장 광범위한 선호 범위에 대해 잘 작동하는 유일한 투표 방식이다. 이러한 의미에서 다수결제는 가장 견고한(robust) 투표 방식이다.[18] 실제로 이러한 결과는 다수결제의 새로운 특성을 보여 준다. 이는 오래 전에 메이(May, 1952)가 도출한 고전적인 특성과 다른 것이다. 메이(1952)는 두 가지 선택 대안이 있는 경우[19] 다수결제는 결정성 공리, 익명성 공리, 중립성 공리, 그리고 '양(+)의 반응성(positive responsiveness)[20] 공리'[21]를 충족

17 좀 더 정확히 말하면, 이 가정은 '어느 한 "정상적인" 선호 정보(regular preference profile)에 대해 어떤 투표 방식 F가 다수결제와 다른 경우'를 의미한다.

18 그러나 '투표 규칙이 견고하더라도 "비정상적인" 선호 정보(irregular preference profile)에 대해서는 다수결제와 다를 수 있다'.

19 May(1952)는 '두 선택 대안들'이 존재하는 경우만 고려하였다. 그러나 우리는 May(1952)의 이론에 애로우가 1951년에 가정한 '독립성(IIA) 조건'을 추가할 수 있다. 그 결과 '세 가지 또는 그 이상의 선택 대안들이 존재하는 경우'로 쉽게 확장할 수 있다(이에 대해서는 Campbell(1982, 1988)과 Maskin(1995)을 참고하기 바람).

20 다음 두 가지 조건이 충족되면 '어떤 투표 방식이 양(+)의 반응성을 충족시킨다'고 할 수 있다. 첫째, 투표자들의 주어진 선호 정보(given profile)에 대해 후보자 x가 선출된다(이 경우 후보자 x는 유일한 당선자가 아닐 수 있다). 둘째, 그러나 투표자들의 선호가 변해서 일부 투표자들의 순위에서 후보자 x의 순위가 위로 올라간다면(즉, 양(+)의 방향으로 반응한다면) 이 경우에 후

시키는 유일한 투표 방식이라는 것을 보여 주었다(여기서 '양의 반응성' 공리는 메이가 추가한 네 번째 공리이다). 반면에 본 논문은 (1) 결정성 공리를 강화하고, (2) 양의 반응성 공리를 제외하고, (3) 익명성 공리와 중립성 공리에 파레토 공리와 독립성(IIA) 공리를 추가하여[22] 메이의 특성과 다른 특성을 도출하였다.

또한 본 논문은 매스킨이 1995년 논문에서 도출한 결과와도 관련되어 있다.[23] 메이(1952)처럼 매스킨(1995)도 본 논문과 다소 다른 공리들을 가정하였다. 특히, 매스킨(1995)은 한 명의 당선자만 존재하는 결정성 공리 대신에 '다수의 당선자들'(multiple winners)이 존재할 가능성을 고려하였다. 그러나 '이행성(transitivity) 조건'을 부과하였다.[24] 즉, 후보자 x가 y를 누리고 후보자 y가 z를 누른다면 후보자 x는 반드시 z를 눌러야 한다. 그러나 더욱 중요하게도 매스킨의 주장(proposition)은 두 가지 강한 가정을 필요로 한다. 첫째, 투표자들의 수가 '홀수'라고 가정하였다(이러한 홀수 가정은 다수결제에 대한 대부분의 초기 연구들에서 주로 가정되었다[25]). 이 가정은 정확히 '동수(同數) 득표(tie)인 경우'를 제외하는 데 필요하다. '동수 득표'란 정확히 절반의 투표자들은 후보자 y보다 x를 선호하고, 나머지 절반의 투표자들은 후보자 x보다 y를 선호하는 상황을 말한다. 사실상 우리의 여러 결과들도 그러한 동수 득표의 경우를 피하고자 하

보자 x는 '유일하게' 선출된다. 즉, 투표자들의 선호가 '변화하여' 어느 한 후보자 x의 순위가 전에 비해 '상승하는' 경우에는 후보자 x가 "유일하게" 당선되는 경우를 말한다.

21 이러한 네 가지 공리들은 충족시키기가 다소 쉬운 것으로 여겨진다. May(1952)는 파레토 공리와 독립성(IIA) 공리를 제외시켰다.

22 [역자주] 따라서 본 논문의 '정리 3'은 다섯 가지 기본 공리인 "결정성 공리, 익명성 공리, 중립성 공리, 파레토 공리, 그리고 독립성(IIA) 공리"를 가정하고 있다.

23 Maskin(1995)이 도출한 결과에 대한 '일반화'를 보려면 Campbell and Kelly(2000)를 참고하기 바람.

24 [역자주] Maskin(1995)처럼 본 논문의 초기 버전에서도 '이행성' 조건을 가정하였다. 이에 대해서는 Dasgupta and Maskin(1998)을 참조하기 바람.

25 [역자주] 이에 대해서는 Inada(1969)를 참고하기 바람.

였다. 그러나 우리는 본 논문에서 단순히 투표자들의 수가 홀수라고 가정하지 않고, '투표자들의 수가 많다'라고 가정한다. 이는 투표자들의 수가 홀수가 아니어도 그 수가 많으면 정확한 동수 득표가 발생하지 않을 것이라는 것을 의미한다. 따라서 우리는 동수 득표의 경우를 피하기 위하여 다수의 투표자들이 있다고 가정하였으며, 이 경우에는 '일반적 결정성'(generic decisiveness) 개념이 필요하다(여기서 '일반적 결정성'이란 "거의 모든" 선호 정보들에 대해 결정성이 성립하는 것을 의미한다). 공식적으로 '연속적인' 투표자들이 있다고 가정하였다.[26] 그러나 이는 다수이지만 유한한 투표자들이 있다고 가정하면 이해하기 쉬울 것이다. 이 경우에 우리는 '일반적 결정성'이라는 개념을 정의하여 사용하였다. 여기서 '일반적 결정성'이란 위에서도 언급했듯이 "대부분의" 선호 정보들에 대해 결정성 조건이 충족되는 것'을 말한다. 이와 같은 방식으로 우리는 매스킨(1995)과 달리 "홀수" 가정을 피하고자 한다(왜냐하면 홀수 가정은 절반(즉, 홀수)의 경우에만 적용되기 때문에 그렇게 매력적인 가정은 아니다).

둘째, 매스킨(1995)의 증명은 다음의 제약적인 가정을 필요로 한다. 즉, 매스킨은 "다수결제와 비교되는 다른 투표 방식 *F*가 어떠한 선호 범위 내에서도 파레토 공리, 익명성 공리, 독립성 공리(IIA), 그리고 중립성 공리를 충족시킨다"고 가정하였다. 이 가정은 매우 제약적(구속적)이다. 왜냐하면 어떤 투표 방식들(예를 들면, 초(超)다수결제(supermajority rule)와 파레토 확장 규칙(Pareto-extension rule)[27])은 이 가정을 충족시키지만, 다른 투표 방식들(예를 들면, 보르다 계산법(즉,

---

26 우리가 아는 한 이것은 '거의 모든 선호 정보에 대해 충족되는 하나의 공리 개념을 공식화하기 위하여 "연속적인 투표자들"을 가정한 최초의 투표이론'이라고 생각한다.

27 [역자주] 파레토 확장 규칙(Pareto-extension rule)이란 '파레토 최적적인(Pareto optimal) 선택 대안들이 있으면 이를 모두 선택하는 것'을 말한다.

순위투표제), 최다득표제, 결선투표제)은 이 가정을 충족시키지 못하기 때문이다. 주지하듯이 순위투표제, 최다득표제, 결선투표제는 실제적으로 다수결제의 가장 일반적인 대안들이다. 그러나 이들 투표 방식은 무제한적인 선호 범위에서 '독립성(IIA) 공리'를 충족시키지 못한다. 따라서 우리는 본 논문에서 이 제약적인 가정을 '제외'시킬 수 있다는 것을 보여 주고자 한다.

■ **[역자주]** 이상으로 본 논문의 서론 번역을 마친다. 주 1에서도 언급했듯이 본 논문의 나머지 내용은 수리적으로 설명되어 있기 때문에 생략하기로 한다. 초록에서 요약되어 있듯이 본 논문의 중심 내용은 다음과 같다:

본 논문은 여러 투표 방식들 중에서 '단순 다수결 투표제'(simple majority rule)가 다섯 가지 표준적인(그리고 매력적인) 공리인 '파레토 조건, 익명성, 중립성, 무관한 선택 대안들로부터의 독립성, 결정성 공리'를 모두 충족시킨다는 것을 증명해 보이고자 한다. 따라서 이러한 의미에서 단순 다수결제는 가장 견고한 투표 방식이다.

참고문헌

Arrow, K. J.(1951), *Social Choice and Individual Values*, New York: Wiley.

Black, David(1948), "On the Rationale of Group Decision-making," *Journal of Political Economy*, Vol. 56(1), pp. 23~34.

Buchanan, James and Gordon Tullock(1962), *The Calculus of Consent*, University of Michigan Press.

Campbell, Donald(1982), "On the Derivation of Majority Rule," *Theory and Decision*, Vol. 14, pp. 133~140.

______(1988), "A Characterization of Simple Majority Rule for Restricted Domain," *Economics Letters*, Vol. 28, pp. 307~310.

Campbell, Donald and Jerry Kelly(2000), "A Simple Characterization of Majority Rule," *Economic Theory*, Vol. 15, pp. 689~700.

Condorcet, Marquis de(1785), *Essai sur l'application de l'analyse à la probabilité des décisions rendues à la pluralité des voix*, Paris: L'Imprimerie Royale.

Dahl, Robert(1989), *Democracy and Its Critics*, Yale University Press.

Dasgupta, P., P. Hammond, and E. Maskin(1979), "The Implementation of Social Choice Rules: Some General Results on Incentive Compatibility," *Review of Economic Studies*, Vol. 46(2), pp. 185~216.

Dasgupta, P. and E. Maskin(1998), "On the Robustness of Majority Rule," Working Paper, University of Cambridge and Harvard University.

______(2007a), "Majority Rule and Strategic Voting," Working Paper, Institute for Advanced Study, School of Social Science.

______(2007b), "On the Robustness of Unanimity Rule," Working Paper, Institute for Advanced Study, School of Social Science.

Inada, Ken-Ichi, "On the Simple Majority Rule Decision," *Econometrica*, Vol. 37(3), pp. 490~506.

Maskin, Eric(1995), "Majority Rule, Social Welfare Functions and Game Form," in K. Basu, P. Pattanaik, and K. Suzumura(eds.), *Choice, Welfare and Development*, Clarendon Press.

May, Kenneth(1952), "Set of Necessary and Sufficient Conditions for Simple Majority Decisions," *Econometrica*, Vol. 20(4), pp. 680~684.

Nash, John F.(1950), "The Bargaining Problem," *Econometrica*, Vol. 18(2), pp. 155~162.

Sen, Amartya(1966), "A Possibility Theorem on Majority Decisions," *Econometrica*, Vol. 34(2), pp. 491~499.

Sen, Amartya and Prasanta Pattanaik(1969), "Necessary and Sufficient Conditions for Rational Choice under Majority Decision," *Journal of Economic Theory*, Vol. 1(2), pp. 178~202.

제8장 불가능성 정리의 기원과 역사

애로우(Kenneth J. Arrow)

제8장 불가능성 정리의 기원과 역사[1]

본장은 소위 '사회적 선택에 대한 불가능성 정리'(impossibility theorem for social choices)[2]가 어떻게 생겨났고(기원), 이를 어떻게 증명하였는지에 대한 나의 지난 역사를 간략히 서술하고자 한다. 먼저, 불가능성 정리의 기원(起源)을 더 잘 이해하기 위하여 '축약된' 형태로 이를 다시 다음과 같이 언급하고자 한다. 다음으로, 불가능성 정리의 증명과 의미를 설명하고자 한다.

먼저, 어느 한 사회에서 사회 내 모든 구성원들에 대해 구속적인[3] 어떤 선택[4]을 한다고 가정해 보자. 사회적 선택과 관련된 어느 한 국가적 행사(예를 들면, 국회의원 선거)에서 여러 선택 대안들(alternatives, 예를 들면 입후보자들)[5]이 있으며, 이들에 대해 사회적 선택[6](social choices, 예를 들면 어느 한 후보자 선출)이 이루어진다. '여러 개의 선택 대안들을 하나로 모아놓은 것'을 수학적으로 선택 대

---

1 K. J. Arrow(1991), "The Origins of the Impossibility Theorem," in J. K. Lenstra, A. H. G. Rinnooy Kan, and A. Schrijver(eds.), *History of Mathematical Programming: A Collection of Personal Reminiscences*, Amsterdam: North-Holland.

2 [역자주] 즉, 민주주의 제도 하에서 '사회적 선택이 불가능하다'는 정리.

3 [역자주] 여기서 '구속적'이라는 말은 곧 '어떤 결정(선택)에 대해 사회 내 모든 구성원들이 반드시 따라야 함'을 의미한다.

4 [역자주] 이를 '사회적 선택'이라 부름. 예를 들면, 중국과의 FTA 체결이나 대통령 선출 등.

5 [역자주] Alternative를 '선택 대안' 또는 '선택안'이라고 표현하며, 쉬운 말로 '선택지'라고도 한다.

6 [역자주] 사회적 선택이란 '사회적으로 이루어지는 선택 행위'를 말함.

안들의 집합(a set of alternatives, 기호로 S라고 표시함)[7]이라 부른다. 사회의 수와 선택 대안들의 집합은 유한하다(finite)고 가정한다. 이 사회에 속해 있는 어느 한 개인(이를 'i번째 개인'이라 하자)은 존재 가능한 모든 선택 대안들에 대해 각자의 선호 순위[8](individual preference ordering)를 가지고 있다고 가정하자. 개인의 선호 순위란 '어떤 개인이, 예를 들어 두 개의 선택안(x와 y)이 있다면 선택안 x를 y보다 좋아하거나, 또는 선택안 y를 x보다 좋아하는 경우'를 말한다. 사회 내 각 개인의 선호 순위를 'R_i'라고 표시하기로 하자. 사회 내 각 개인의 선호 순위는 '완전하고'(complete) '이행적'(transitive)이라고 가정한다. 먼저, 선호 순위의 '완전성'(完全性, completeness)이란 '어떤 주어진 두 가지 선택 대안인 x와 y에 대해 다음 두 가지 경우(진술) 중에서 최소한 어느 하나가 성립함'을 의미한다. 즉, xR_iy이거나 yR_ix가 성립한다(여기서 xR_iy와 yR_ix는 어떤 개인 i의 선택안 x와 y에 대한 선호 순위(R_i)를 나타낸다). xR_iy는 '어떤 개인 i가 선택안 y보다 선택안 x를 선호한다'는 것을 의미하고, yR_ix는 '어떤 개인 i가 선택안 x보다 선택안 y를 선호한다'는 것을 의미한다. 다음으로, 선호 순위의 '이행성'(移行性, transitivity)이란 '선택 대안이 세 개(x, y, z)인 경우, xR_iy이고 yR_iz이면 xR_iz가 성립해야 함'을 의미한다.

다음으로, '사회적 선호 순위'(social preference ordering)를 살펴보기로 하자(여기서 사회적 선호 순위를 R로 표시한다). 먼저, 주어진 모든 선택 대안들(이를 집합 S라 함. 예를 들어, 선거에 입후보한 세 명의 후보자들)에 대해 사회적 선호 순위(R)가

7 [역자주] 집합(set)이란 '동일한 성질을 가지는 요소들을 함께 모아놓은 것'을 말한다. 선거의 경우 '둘 또는 다수의 후보자들'을 수학적으로 '후보자 집합'이라 부른다.
8 [역자주] 선호 순위란 '두 개의 선택안을 비교해서 선호하는 정도'를 말함.

결정된다. 예를 들어, 후보자 A와 B의 경우 사회 전체적으로 후보자 A보다 B를 선호하거나, 후보자 B와 C의 경우 사회 전체적으로 후보자 B보다 C를 선호하거나, 후보자 C와 A의 경우 사회 전체적으로 후보자 C보다 A를 선호한다. 다음으로, 주어진 모든 선택 대안들(S)에 대한 사회적 선호 순위(R)를 바탕으로 '사회적 선택'(social choice)이 이루어진다. 따라서 주어진 선택 대안들에 대한 사회적 선택은 "사회적 선호 순위(R)를 바탕으로 선택 대안들(S) 중에서 '최대값을 갖는' (즉, 가장 선호하는) 선택 대안(maximal alternative, 예를 들어 가장 많은 표(지지)를 얻는 후보자 또는 과반수를 획득하는 후보자 등)을 뽑는 것"을 말한다.

사회적 선택에서 '사회적 선호 순위'는 매우 중요하다. 따라서 사회적 선호 순위는 두 가지 기본 특성을 충족시켜야만 한다. 첫째, 사회는 개인들의 집합체이므로 사회 내 구성원들인 각 개인의 선호 순위들을 반영해야 한다(이를 '파레토 원칙'이라 부른다). 둘째, 주어진 어떤 선택 대안들 가운데서 사회적 선택을 할 때 주어진 선택 대안들'만'을 대상으로 각 개인의 선호 순위 관련 정보를 사용해야 한다. 즉, 사회적 선택 시 각 개인의 선택 대안들에 포함되어 있지 않은 무관한 선택 대안(irrelevant alternative)은 고려하지 않는다(이를 '무관한 선택 대안들로부터의 독립성'이라 부른다). 또한 사회적 선호 순위(R)는 각 개인의 선호 순위들(R_i)로 이루어진 집합에 대해 정의(定義)되어야 한다. 즉, 사회적 선호 순위는 각 개인의 선호 순위들과 함수관계(정확히 말하면 '범함수(functional)관계')에 있다. 이는 각 개인의 선호 순위들로 이루어진 벡터(vector)로부터 사회적 선호 순위로 사상(寫像)[9]하는 관계를 말한다. 이러한 함수를 소위 "사회후생범함수"

9 [역자주] 사상(寫像)이란 '공간의 일점에 대하여 다른 공간 또는 동일한 공간의 일점을 일정한 법칙에 따라 대응시키는 일'을 말한다.

(social welfare functional)라 부른다. 우선, 여기서 두 번째 특성을 "무관한 선택 대안들로부터의 독립성"(Independence of Irrelevant Alternatives, IIA)이라 부르며, 이는 '어떤 두 가지 선택 대안들 가운데서의 사회적 선택은 두 선택 대안에 대한 개인들의 선호에만 달려 있다'는 특별한 의미를 가지고 있다. 다음으로, 첫 번째 특성은 다른 방식으로 설명할 수 있다. 첫 번째 특성을 약하게 표현하면 "파레토 원칙"(Pareto principle)이라 부른다. 파레토 원칙이란 '사회 내 모든 개인들이 선택안 y보다 x를 강하게 선호한다면(즉, xR_iy) 사회적 순위에서도 선택안 y보다 x가 강하게 선호되어야만(즉, xRy) 한다'는 것을 의미한다. 따라서 이러한 두 가지 특성을 바탕으로 '불가능성 정리'를 다음과 같이 정의할 수 있다. 즉, "두 가지 특성 모두를 충족시키는 사회적 후생함수는 존재하지 않는다!". 또는 "두 가지 특성을 동시에 충족시키는 사회적 후생함수는 존재하기 불가능하다!".

우리의 실제 생활에서 불가능성 정리의 결과를 가장 잘 나타내 주는 예가 바로 '선거'(또는 '투표행위')이다. 어떤 형태이든 선거는 후보자들(즉, 선택 대안들)에 대한 개별 투표자들의 선호만을 자료로 사용한다. 선거에서 각 투표자들의 후보자들에 대한 선호 정보 이외에는 아무런 필요가 없다. 실제로 선거에서 일반적으로 각 투표자의 첫 번째 선택만이 투표 자료로 사용된다. 이러한 선거 결과로 한 명의 후보자만이 선출(당선)된다. 따라서 '선거'의 경우 불가능성 정리는 다음과 같이 나타낼 수 있다. 즉, "세 명(또는 그 이상)의 입후보자들 가운데서 어느 한 후보자를 선출하는 선거에서 '후보자들을 두 명씩 짝을 지어 비교하는 경우' 어느 한 후보자가 반드시 선출(당선)된다는 보장이 없다"는 것을 말한다. 이러한 결과를 '불가능성 정리'라 한다. 만약 모든 투표자들과 모든 후보자들이 동등하게 취급된다면 투표 방식(voting method)은 두 후보자들을 짝을 지어 비교하는 '다수결 투표제'(majority voting)가 적용될 수 있다. 이 경우에 불가능성 정리는 다음과 같이 나타낼 수 있다. 즉, 세 명의 후보자들(즉, A, B, C) 중에서 (1) 후보자 A는 후보자 B에 대해서 과반수를 획득할 수 있고(후보자 A 승리), (2) 후보자 B는 후보자 C에 대해서 과반수를 획득할 수 있고(후보자 B 승리), (3) 후보자 C는 후보자 A에 대해서 과반수를 획득할 수 있다(후보자 C 승리). 이 결과에 따르면 어느 한 후보자가 최종적으로 당선되지 '못하게' 된다.

이제 '불가능성 정리'를 발견하기까지의 나의 지난 역사로 되돌아가 보자. 당분간 과거의 (극소수의) 연구들을 무시하기로 한다. 물론 블랙(Duncan Black)의 연구는 예외이다. 사실상 나는 처음에 블랙의 연구 이외에는 아무것도 알지 못했다. 공교롭게도 대학 시절 나는 '수리논리학'에 매료되어 있었다. 나는 우연한 기회에 폴란드의 위대한 논리학자인 알프레드 타르스키(Alfred Tarski) 교수를 만나기 전까지 혼자서 수리논리학을 공부하고 있었다. 타르스키 교수는 뉴욕에 있는 시티 대학(The City College)에서 1년간 강의한 적이 있었고, 그때 나는 4학년이었다. 타르스키 교수는 '관계의 계산법'(calculus of relations)이라는 과목을 강의하고 있었고, 여기서 나는 이행성(transitivity)과 순위(ordering) 등과 같은 주제들을 처음으로 접하게 되었다. 그 후 나는 대학원에 진학하여 호텔링(Harold Hotelling) 교수님으로부터 수리경제학을 공부하게 되었다. 그때 나는 호텔링 교수님으로부터 '소비자들은 상품 조합들 중에서 자신이 가장 선호하는 조합을 선택한다'(이는 서수주의자들의 설명이었음)는 새로운 아이디어를 배우게 되었다(물론 이러한 생각은 당시에 보편적으로 받아들여지는 것이 아니었다). 당시의 주된 견해는 '숫자로 표시된 효용함수가 존재하며, 소비자들은 이를 극대화한다'(이는 기수주의자들의 설명이었음)는 것이었다. 내 생각에는 '서수주의자들의 견해'와 '순위에 대한 논리적 개념' 간에 동일성(同一性)이 분명히 존재하였다. 또한 호텔링 교수님과 다른 분들은 한 걸음 더 나아가 "정치적 선택"(political choice)도 경제적 선택처럼 '합리성(rationality)의 원리'를 따른다고 주장하기까지 하였다.

내가 처음으로 심각하게 "사회적 선택"(social choice)이라는 아이디어를 접하게 된 것은 신기하게도 '경제이론의 부산물'을 통해서였다. 당시 기업에 대한 표준적인 이론은 '기업은 이윤을 극대화한다'는 합리적인 가정에 바탕을 두고 있었다. 그러나 기업들은 장기간에 걸쳐서 생산한다. 예를 들면, 기업들은 미래에도 생산을 하며, 미래에 생산을 확실히 하기 위한 목적으로 투자가 이루어진다. 기업들은 현재에 미래 가격을 알 수 없기 때문에 사실상 장기적으로 이윤을 극대화할 수 없다. 그러나 기업들은 미래 가격과 다른 조건들에 대한 기대를 바탕으로 '기대이윤'(expected profit)을 극대화할 수 있다. 나는 박사학위 논문을 쓰기 위해 현대 세계에서 기업들은 일반적으로 수많은 소유자들(즉, 주주들)을 가지고 있다는 사실에 주목하였다(물론 나는 나중에 이 주제를 포기하였다). 만약 우리가 시간 문제(time dimension)를 무시한다면 아무런 문제가 발생하지 않는다. 즉, 각 소유자는 이윤을 극대화하는 데 관심이 있으며, 그 결과 그들은 모두 동일한 선택을 할 것이다. 그러나 좀 더 일반적 시점(temporal) 상황을 고려한다면 각 소유자는 '기대이윤'을 극대화하려 할 것이다. 그러나 소유자들은 각기 '다른' 기대들을 가질 것이다. 따라서 소유자들은 어떤 투자정책이 최적(optimal)인지에 대해 일치된 생각을 가지지 않을 것이다. 이러한 경우에 자연적 가정은 '주주들 중 과반수(majority)가 다른 투자정책보다 어느 한 투자정책을 선호한다면 후자의 투자정책이 선택될 것이다'라고 가정하는 것이다. 그런 다음에 나는 이러한 관계가 이행적(transitive)인지를 점검해 보았다. 그러나 불행히도 '비(非)이행적인' 경우를 쉽게 찾을 수 있었다.

이러한 결과는 매우 흥미로웠지만 나의 연구에 큰 장애가 되었다. 나는 그것이 '최초'라고 믿을 수 없었고, 사실상 그러한 '역설'(paradox)을 전에 어딘가에서 들어본 적이 있었다는 것을 확신하게 되었다. 그러나 나는 그것을 전에 어딘가에서 읽었는지를 결코 검증할 수 없었다. 사실상 그 결과는 오래된 아이디어였다. 왜냐하면 그러한 역설은 이미 1785년에 프랑스의 정치철학자이자 확률이론가였던 콩도르세(Condorset)에 의해 발견되었기 때문이다.[10] 그러나 나는 그 당시 확실히 콩도르세의 논문과 (지금 내가 알고 있는) 다른 문헌들을 결코 읽은 적이 없었다.

나는 그 당시(1947년) 그 문제를 더 이상 연구하지 않았다. 다음 해(1948년) 시카고에 있는 코울스 경제학연구 위원회(Cowles Commission for Research in Economics)에서 일하면서 나는 어떤 이유로 '선거정치학'(electoral politics)에 대해 빈둥거리며 생각해 보는 기회를 가지게 되었다. 나는 하나의 간단한 모델을 구상해 보았다. 즉, 후보자들(또는 정당들)이 좌에서 우로 연결된 선상에 배열해 있고, 어느 한 후보자(또는 정당)를 지지하는 사람들(투표자들)은 동일한 방향에서 더 멀리 떨어져 있는 후보자보다 '자신들에게 가까이 위치해 있는 후보자'를 선호할 것이다. 따라서 각 투표자는 후보자들(또는 정당들)에 대해 하나의 선

10 [역자주] Marquis de Condorcet(1785), *Essai sur l'Application de l'Analyse à la Probabilité des Décisions Rendues à la Pluralité des Voix*, Paris.

호 순위(preference order)를 가지고 있다. 선호 순위는 하나의 정상(peak)을 가지고 있으며, 이를 기점으로 양 방향으로 갈수록 감소한다. 이제 이러한 조건들 하에서 다수결 투표 방식을 적용하면 분명히 '하나의 선호 순위'가 결정될 것이다. 그러나 이러한 생각을 하고 나서 약 한 달 후에 나는 1948년에 발표된 블랙의 논문[11]에서 똑같은 아이디어를 발견하게 되었다. 또다시 나는 이 문제를 더 이상 연구하지 않게 되었다. 당시 나는 코울스 위원회에서 중요한 연구 과제를 맡고 있었다. 특히, 계량경제적 분석에 적용 가능한 하나의 모형을 개발하기 위해 '일반균형이론'(general equilibrium theory)을 사용하고 있었다. 선거정치학에 대한 나의 일시적 관심이 이 연구에 방해가 되었다고 느꼈기 때문에 다시금 불가능성 정리에 대한 연구를 중단하게 되었다.

1949년 여름에 나는 랜드연구소(Rand Corporation)에서 자문역으로 시간을 보내고 있었다. 당시 랜드연구소는 미국 공군을 자문하기 위해 설립되었다. 당시 랜드연구소의 분위기는 개방적이어서 매우 자유스럽게 의견과 조언을 개진할 수 있었다. 또한 당시 새로운 개념이었던 '게임이론'(game theory)의 개발에 대한 연구도 랜드연구소에서 진행되고 있었다. 게임이론의 연구진에는 올라프 헬머(Olaf Helmer)라는 한 명의 철학자도 있었다. 나는 헬머 박사를 전에 타르스키 교수를 통해 만난 적이 있었다. 헬머 박사는 타르스키가 쓴 책을 영어로 번역해 주었다. 당시 헬머 박사는 게임의 참여자들(players)이 개인들이 아니라 '국가들'일 때 게임이론의 적용에 어려움을 겪고 있었다. 헬머 박사는 어느 한 개인의 효용이나 선호에 대한 의미에 대해서는 분명히 이해하고 있었다.

---

11 [역자주] D. Black(1948), "On the Rationale of Group Decision-making," *Journal of Political Economy*, Vol. 56, No. 1, pp. 23~34.

그러나 그는 '개인들의 집합체'(예를 들면, 사회나 국가)의 경우 효용과 선호가 무엇을 의미하는지를 이해하는 데 어려움을 겪고 있었다. 나는 그에게 그 동안 경제학자들이 '경제정책의 선택'과 관련하여 (헬머 박사가 고민하고 있는) 그 문제에 대해 연구해 왔음을 알려 주었다. 특히, 버그슨[12](Abram Bergson) 교수가 1938년에 쓴 논문에서 이에 대한 적절한 공식을 개발했음을 알려 주었다.[13] 그 공식은 바로 버그슨에 의해 "사회후생함수"(social welfare function)라고 명명되었다. 사회후생함수란 '개인들의 효용 벡터를 하나의 효용(정확히 말하면, '사회후생')으로 사상(寫像)하는 함수'를 말한다. 앞에서 언급했듯이 사회후생함수는 효용의 기수적 개념(cardinal concept)에 달려 있는 것 같다. 그러나 효용을 '서수적'(ordinal)으로 표현한다면 사회후생함수는 존재 가능하다. 즉, 사회후생함수는 개인들과 사회에 대한 효용을 '숫자'로 표시하는 게 아니라 "선호 순위"로 표시하는 경우에 존재 가능하다. 그러자 헬머 박사는 나의 설명을 적어 달라고 요청했다.

나는 그렇게 하기로 하고 논문을 쓰기 시작하자, 그 문제가 이미 한 번 접한 적이 있었다는 것을 즉시 깨닫게 되었다. 나는 이미 '다수결 투표 방식 하에서 개인들의 효용은 하나의 사회적 순위로 집계될 수 없다'[14]라는 사실을 알고 있었으나, 어딘가에 분명히 '대안'이 있을 것이라고 생각하였다. 이 문제를 가지고 며칠 동안 씨름한 후에 나는 '불가능성 결과'(impossibility result)가 존재할지도 모른다고 의심하게 되었고, 곧 "불가능성 결과"를 발견하였다. 이로부터

12 [역자주] 국내 일부 학자들은 'Bergson'을 '베르그송'이라고도 표기하고 있다.
13 [역자주] A. Bergson(1938), "A Reformulation of Certain Aspects of Welfare Economics," *Quarterly Journal of Economics*, Vol. 52, pp. 310~334.
14 [역자주] 즉, '다수결 투표 방식으로는 하나의 사회적 순위를 가져다주지 못한다'는 것을 말함.

몇 주 후에 추가 보완 작업을 하였고, 이것이 바로 앞에서 서술한 내용이다. 첫 번째 논문은 1950년에 발표되었고,[15] 소책자(monograph)로는 1951년에 출간되었다[16](소책자에는 수학적 표현과 해석 등이 추가되었다). 나는 1950년에 쓴 논문을 '계량경제학회 1949년 학술대회'에서 발표한 적이 있다. 그때 어느 정치학 교수께서 1882년 *Proceedings of the Royal Society of Victoria*에 게재된 넨슨(E. J. Nanson) 교수의 논문[17]을 소개해 주었다. "1952년"에서야 비로소 나는 콩도르세의 연구에 대해 알게 되었다. 그 후 블랙의 연구는 사회적 선택에 대한 좀 더 완전한 역사를 제공해 주었다.[18] 이와 같이 사회적 선택과 불가능성 정리에 대한 연구는 연구자들 간의 '재발견'(rediscovery)을 통해 불연속적으로 이어져 왔다. 따라서 나의 연구 결과도 (최초 발견이 아니라) "재발견"이라고 해야 옳을 것이다. 왜냐하면 지금까지 연구가 '연속적으로 이어져 온 전통'(continuous tradition)이 한 번도 없었기 때문이다.[19]

---

15 [역자주] K. J. Arrow(1950), "A Difficulty in the Concept of Social Welfare," *Journal of Political Economy*, Vol. 58.

16 [역자주] K. J. Arrow(1951), *Social Choice and Individual Values*, New York: Wiley.

17 [역자주] E. J. Nanson(1882), "Methods of Election," *Transactions and Proceedings of the Royal Society of Victoria*, Vol. 19, pp. 197~240.

18 [역자주] D. Black(1958), *The Theory of Committees and Elections*, Cambridge: Cambridge University Press.

19 [역자주] 그러나 애로우의 선구적 연구 이후에는 A. Sen, P. Dasgupta, P. Pattanaik, E. Maskin 등에 의해 연구가 '면면히' 이어져 오고 있다.

찾아보기

ㄱ

가능성 정리(possibility theorem) • 85, 86
가치판단(value judgement) • 10
개인의 선호(individual preference) • 18
개인의 선호 순위 • 166
개인의 선호에 대한 해석 • 18
게를라인과 레펠리(Gehrlein and Lepelley) • 31
결과적 배제(entailed exclusion) • 123
결정성(decisiveness) 공리 • 52, 67, 70, 75, 79, 152, 155
결정성의 확장(spread of decisiveness) • 50
결정성의 확장 정리 • 51, 53, 54
결정성 조건 • 84
결정적 집합들의 축소(contraction of decisive sets) 정리 • 53, 54
결정적 집합의 축소 정리 • 52
공리주의 전통(Utilitarian tradition) 11
구성과 계산 가능성 문제 • 90
국지적으로 결정적(locally decisive) • 50
권리(rights) 개념의 적절성 • 127
권리 주장(vindication of rights)의 원칙 • 132
규범적 사회결정 원칙들과 정보적 기초 • 97
규범적 원칙(normative principle) • 97
기본적인 민주적 신념(basic democratic conviction) • 42

ㄴ

내적 일관성 조건들(internal consistency conditions) • 56
네 가지 공리들 • 48, 74, 115
넨슨(E. J. Nanson) • 174
능력(capabilities) 중심의 원칙 • 132

ㄷ

다섯 가지 공리들 • 74, 75, 77
다섯 가지 기본 공리들 • 153
다섯 가지 특성들 • 32, 33
다수결 규칙(majority rule) • 47
다수결 원칙 • 65, 71, 75

다수결 원칙의 우월정리 • 78
다수결제(majority rule) • 155, 156, 157
다수결제의 견고성 • 156
다수결제의 결함 • 151
다수결 투표의 역할 • 84
다수결 투표제(majority voting) • 169
다스굽타와 매스킨(Dasgupta and Maskin) • 31
단봉성(single-peakedness) 특성 • 28
단봉형(單峰形)의 효용곡선 • 154
단순 다수결 규칙(simple majority rule) • 28
단순 다수결 원칙 • 64
단순 다수결제 • 147
단순 다수결 투표 규칙 • 33
단순 다수결 투표제 • 160
단일 봉우리(single peaked) • 154, 155
단일 봉우리 조건 • 155
단일 정점 • 154
대화의 문제 • 86
독립성(IIA) 공리 • 68, 70, 160
독재자(dictator) • 68
동수 득표 • 158, 159

ㄹ

롤스(John Rawls) • 129, 132
리틀(I. Little) • 17

ㅁ

만장일치적 선호 • 122
매스킨(Maskin) • 28
메이(May) • 157
무관한 선택 대안들로부터의 독립성 (Independence of Irrelevant Alternatives, IIA) • 15, 48, 68, 87, 115, 148, 167, 168
무관한 선택 대안들로부터의 독립성 조건 • 121
무관한 선택 대안들로부터의 독립성(IIA) 조건의 완화 • 88
무관한 후보자들로부터의 독립성 (independence of irrelevant candidates) • 68
무제한적인 선택 범위(unrestricted domain) • 48, 115
무제한적인 선택 범위 공리 • 153
무제한적인 선택 영역 • 15
무제한적인 순위 범위(unrestricted domain of rankings) • 74
민주적 본능(democratic instinct) • 43, 101, 102
민주적 심의(democratic deliberation) • 21
민주적 포괄성(democratic inclusiveness) • 103, 105, 106

밀(J. S. Mill) • 27, 30, 58, 102

ㅂ

반(反)파레토 원칙(anti-Pareto principle) • 100
반(反)P원칙 • 98
버그슨(A. Bergson) • 10, 17, 173
벤담(J. Bentham) • 102, 127
보르다(J. C. de Borda) • 31, 102, 127
보르다 계산법(Borda count) • 87, 147
보르다식 투표 집계법 • 147
보상기준(compensation criterion) • 11
보웬(Bowen) • 11
보편성의 원칙(principle of universalizability) • 89
보편성 조건 • 90
보편적 무연관성(universal unconnectedness) • 98
보편적 무차별(universal indifference) • 98
불가능성 결과(impossibility result) • 173
불가능성 정리(impossibility theorem) • 13, 15, 42, 62, 73, 153, 168
불가능성 정리가 실패하는 경우 • 83
불가능성 정리와 투표 규칙 • 63
불가능성 정리의 기원 • 165
블랙(D. Black) • 28, 153, 169, 172
비교 다수 득표제(first-past-the-post) • 64
비독재성(nondictatorship) • 15, 48, 115
비독재성 공리 • 49, 73, 116
비독재성 조건 • 55, 67
비순환성(acyclicity) • 47
비효용적 정보 • 110
비효용 정보(non-utility information) • 108, 109, 126
비효용 정보의 배제 • 123

ㅅ

사전편집적인 맥시민 방식 • 130
사회선택이론(social choice theory) • 95
사회선택함수(social choice functions) • 56
사회적 선택(social choice) • 167
사회적 선택 방식들과 정보적 기초 • 96
사회적 선택에 대한 불가능성 정리 (impossibility theorem for social choices) • 165
사회적 선택의 기본 논의 • 46
사회적 선택의 정보적 기초(Informational Basis of Social Choice) • 30, 42, 95, 103
사회적 선호 순위(social preference ordering) • 166, 167
사회적 순위(social ordering) • 16

사회적 순위에 대한 해석 • 16
사회후생범(汎)함수(social welfare functional) • 124, 125, 167
사회후생함수(social welfare function) • 10, 46, 107, 173
서그던(R. Sugden) • 27
선거정치학(electoral politics) • 171
선거 훼방꾼 • 69
선호 순위의 완전성(completeness) • 166
선호 순위의 이행성(transitivity) • 166
선호 합계 문제들(preference aggregation problems) • 19
선호에 대한 다양한 해석들 • 102
선호에 대한 상이한 해석들 • 43
세 가지 공리들 • 147
센(A. Sen) • 17, 26, 29, 30, 98
순위투표제(rank-order voting) • 147, 148
스티븐스(Stanley Smith Stevens) • 88
실질 정치(practical politics) • 127

ㅇ

아리스토텔레스(Aristotle) • 103, 132
애덤 스미스(Adam Smith) • 102
애로우의 불가능성 정리(Arrow's impossibility theorem) • 114, 115, 119
애로우 정리의 증명 • 117
약파레토 원칙 • 115, 116, 120
양(+)의 반응성(positive responsiveness) 공리 • 157, 158
완전 대칭성(complete symmetry) • 89
우월정리(domination theorem) • 77, 78
울스톤크래프트(Mary Wollstonecraft) • 127
울스톤크래프트-페인(Wollstonecraft-Paine) • 132
이념적 스펙트럼 • 154
이행성(transitivity) 조건 • 47, 52, 158
익명성(anonymity) • 73
익명성 공리 • 146, 147
익명성 조건(anonymity condition) • 83
일관성(consistency) 문제 • 47
일관성 있는 순위(consistent ranking) • 88
일반 가능성 정리(General Possibility Theorem) • 42, 46, 49
일반 가능성 정리에 대한 증명 • 50, 54
일반 규칙(blanket rule) • 98
일반적 결정성(generic decisiveness) • 159
일상 재구성법(Day Reconstruction Method) • 89
1인 1표(one person-one vote) 원칙 • 146

일치 원칙(consensus principle) • 67

ㅈ

자유의 개인 소유지(personal domain of liberty) • 127
자유의 역설(liberal paradox) • 128
자유의 우선(priority of liberty) • 129
전국적으로 결정적(globally decisive) • 50, 52, 54
전략방지(strategy-proofness) 공리 • 79
전략적 투표(strategic voting) • 79
전략적 투표와 전략방지 공리 • 79
전제적 배제(antecedent exclusion) • 123, 124
정보의 풍부화(informational enrichment) • 124
정보적 기초(informational basis) • 96, 101, 103
정보적 반응성(informational responsiveness) • 99, 100
정보적 반응성 조건 • 99
정보적 배제(informational exclusion) • 104, 109, 117, 120, 123
정보적 시각 • 99
정보적 조건(informational requirement) • 100
정보적 포괄성(informational inclusiveness) • 44, 122
정보 풍부화의 방법 • 125
정의(正義)에 대한 정보들 • 127
정의의 원칙 • 132
제2회 애로우 기념 강연(Arrow Lecture) • 3, 41, 61
중립성(neutrality) • 74
중립성 공리 • 147
중립성 조건 • 112, 132
지바드(A. Gibbard) • 26
집단적 선택 규칙(collective choice rule) • 107

ㅊ

차별 원칙(difference principle) • 129
초(超)다수결제(supermajority rule) • 159
최다득표제(plurality rule) • 63, 64, 71, 147, 148
최상의 투표규칙 • 66

ㅋ

카네먼(Daniel Kahneman) • 89
카우틸랴(Kautilya) • 103
칼도(N. Kaldor) • 11
콩도르세(Marquis de Condorcet) • 31, 64, 102, 127, 171
콩도르세 역설(Condorcet paradox) • 66,

71, 72, 151
크레머(G. Kramer) • 29
크루거(Alan Krueger) • 89

ㅌ

타르스키(Alfred Tarski) • 169, 172
투표 규칙(voting rules) • 31
투표 방식들 • 145
투표 순환(voting cycle) • 28
투표 역설(paradox of voting) • 151
투표자들의 동등한 대우(equal treatment of voters) • 73

ㅍ

파레토 공리(Pareto axiom) • 51, 54, 146
파레토 원리(Pareto principle) • 51
파레토 원칙 • 11, 15, 48, 67, 100, 146, 167, 168
파레토 자유의 불가능성(impossibility of Paretian liberal) • 128
파레토 확장 규칙(Pareto-extension rule) • 159
페인(Thomas Paine) • 127

ㅎ

하나의 사회적 순위(a social ordering) • 24, 25
헬머(Olaf Helmer) • 172
호텔링(Harold Hotelling) • 169
효용의 개인 간 비교(interpersonal comparison of utilities) • 109
효용 정보(utility information) • 108
효용 정보와 비효용 정보의 결합 • 128
효용 정보의 풍부화 • 123
후보자들의 동등한 대우(equal treatment of candidates) • 73
후생주의(welfarism) • 112, 113
후생주의의 단순성 • 129
힉스(J. Hicks) • 11